KB109419

서울대학교 일본연구소
IJS Reading Japan 34

한일의 코로나19 대응, 차이와 협력의 가능성

비대면 사회의 생·로·병·사를 중심으로

COVID-19 한일학술 웨비나

저 자 : 김연수, 난가쿠 마사오미, 야나기모토 신타로

홍윤철, 장병탁, 스기야마 마사시, 도미오 준

백도명, 박혜민, 조경이, 조관자, 시미즈 야스유키

제이앤씨
Publishing Company

이 저서는 2019년 대한민국 교육부와 한국연구재단의 지원을 받아 수행된
연구임(NRF-2019S1A6A3A02102886)

책 을 내면서

　　서울대 일본연구소는 국내외 저명한 연구자와 다양한 분야의 전문가를 초청하여 각종 강연회와 연구회를 개최하고 있습니다. 〈리딩재팬〉은 그 성과를 정리하고 기록한 시리즈입니다.

　　〈리딩재팬〉은 현대 일본의 정치, 외교, 경영, 경제, 역사, 사회, 문화 등에 걸친 현재적 쟁점들을 글로벌한 문제의식 속에서 알기 쉽게 풀어내고자 노력합니다. 일본 연구의 다양한 주제를 확산시키고, 사회적 소통을 넓혀 나가는 자리에 〈리딩재팬〉이 함께하겠습니다.

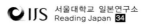

서울대학교 일본연구소
Reading Japan 34

차 례

5

한일의 코로나19 대응, 차이와 협력의 가능성:
비대면 사회의 생·로·병·사를 중심으로

〈COVID-19 한일학술 웨비나〉

일시: 2021년 3월 25일(목) 13:20-17:20

장소: Youtube 생중계

주최: 서울대학교 일본연구소, 서울대학교병원, 서울대학교 AI 연구원, 서울대학교 보건대학원, RIKEN Center for Advanced Intelligence Project

사회: 남기정(서울대학교 일본연구소 교수)
　　　서동주(서울대학교 일본연구소 교수)
개회사: 김현철(서울대학교 일본연구소 소장)

남기정: 여러분, 안녕하세요. 지금부터 서울대학교 일본연구소, 서울대학교병원, 서울대학교 AI연구원, 서울대학교 보건대학원, 일본 이화학연구소 혁신지능통합연구센터가 공동주최하는 한일 웨비나를 시작하겠습니다. 저는 개회식부터 세션2까지 사회를 맡게 된 서울대학교 일본연구소 교수 남기정입니다. 오늘 웨비나의 주제는 '한일의 코로나19 대응, 차이와 협력의 가능성'입니다. 포스트 코로나 시대 비대면 사회의 도래가 가팔라질 것으로 예상되고 있습니다. 그 영향은 매우 넓고 깊을 것으로 보여 우리의 삶 그리고 죽음의 양태를 본질적으로 바꿔나갈 수 있다는 생각이 널리 퍼지고 있습니다. 이를 전제로 많은 나라에서 이미 그 대응과 모색이 시작되고 있으며 한국과 일본도 예외가 아닙니다. 이에 대해서 서울대학교와 도쿄대학의 관련 연구자들이 중심이 되어 이 분야의 전문가들을 모시고 생각을 나눌 기회를 만들어보았습니다. 오늘 웨비나는 개회식에 이어 기조 강연, 그리고 4개 세션 등의 순서로 진행될 예정입니다. 한일 동시통역이 제공됩니다. 그럼 먼저 김현철 서울대학교 일본연구소 소장의 개회사를 듣도록 하겠습니다. 김현철 선생님, 부탁드립니다.

김현철: 여러분, 안녕하십니까. 일본연구소 소장 김현철입니다. 여러분도 아시다시피 코로나19는 우리들이 한 번도 경험하지 못한 미증유의 사건입니다만, 저희 일본연구소에서는 코로나19 사태가 터지고 난 이후 즉시 코로나19에 대한 한일 간의 대응의 차이에 대한 연구를 시작했습니다. 보통 한국과 일본은 정치·외교 문제와 역사 갈등 때문에 굉장히 대립적인 관계에 놓여 있습니다. 그래서 일부에서는 이 한일의 코로나19 사태를 마치 '어느 나라가 잘한다, 못한다' 같이 어떤 우열의 상태로 자꾸 비교하려는 흐름이 있었습니다만, 일본연구소는 코로나19 사태가 터지고 난 이후로 시종일관 "코로나19 사태에 대한 대응은 우위의 문제가 아니고 한일 간의 차이의 문제라는 것, 그리고 그 차이의 문제를 제대로 직시하면 한일 간에 새로운 협력의 가능성이 생겨날 것"이라는 생각을 가지고 꾸준히 국제 위기의 연구를 시작했습니다. 또 작년에 어느 세미나에서 저는 아직도 기억에 생생하게 남아 있는 발표가 있었습니다. 당시만 하더라도 한국은 초기 감염자를 파악하는 데 중점을 둔 반면에, 일본은 초기 감염자 파악보다는 일본에 들어오는 사람을 사전에 차단하고 또 그 이후에 확진자를 찾아내기보다는 병상을 안정적으로 확보하는 데 목적을 두는 방역 활동

을 하는 모습을 보여주었습니다. 이것은 한일 간에, 방역에서의 우열의 문제가 아니라, 각국이 처한 상황에 따라 최선의 방역 전략을 선택한 결과이고, 이는 각각이 놓여 있는 국가의 상황에 따라 합리적으로 판단한 결과라고 저희들은 보았습니다. 그 외의 진행 상황도 한국과 일본 모두 각국의 상황 속에서 최선의 노력을 다하는 모습을 지금까지 보여주고 있습니다.

오늘 세미나에서는 지금 한일 간의 코로나19 대응에 있어 그 차이를 다방면으로 한번 분석해보려고 합니다. 여기에는 한일 간의 의료 체계 차이뿐만 아니라 공중위생의 문제, 그리고 삶의 사각지대에서 발생하는 자살 같은 부분까지 포함되어 있습니다. 저희 일본연구소는 앞으로도 코로나19 문제를 양국 간의 미증유의 경험으로서, 이를 통해서 어려운 한일 관계 속에 새로운 협력을 모색할 수 있는 중요한 사건이라고 생각하고 계속해서 코로나19에 대한 연구를 하고, 그 흐름 속에서 한일 간의 비교 연구를 계속할 예정입니다. 오늘 서울대학교와 도쿄대학의 여러 전문가 분들이 참석해 주신 데에 깊이 감사를 드리고, 많은 분들이 오늘 이 세미나를 즐겨주셨으면 감사하겠습니다. 이상으로 제 인사를 마치도록 하겠습니다. 감사합니다.

남기정: 네, 소장님. 감사합니다. 사실 이 웨비나를 준비하면서 어쩌면 오프라인으로 할 수도 있겠다는 희망을 가지고 시작했습니다. 그러나 역시 한국도 일본도 아직 코로나19의 위기를 벗어나지 못하고 있는 상황이 있습니다. 그래서 웨비나 형태로 진행되게 되었음을 양해 말씀드리고요. 그럼에도 불구하고 한국과 일본에서 여러 전문가들께서 이렇게 참석해주신 데 대해서 깊이 감사 말씀드립니다. 그럼 먼저 기조 강연으로 들어가겠습니다. 기조 강연에는 두 분을 모셨습니다. 김연수 서울대학교병원장과 난가쿠 마사오미(南学正臣) 도쿄대학대학원 의학계연구과 부연구과장・부의학부장(東京大学大学院医学系研究科 副研究科長・副医学部長)님을 모셨습니다. 먼저 김연수 서울대학교병원장님을 모시겠는데요, 김연수 병원장님은 서울대 의대를 졸업하고 1999년부터 서울대 의대 교수로 재직하고 계십니다. 서울대학교병원 진료부원장, 서울의대 교무부학장 등 요직을 역임하셨습니다. 2019년에 제18대 서울대학교병원장으로 임명되셨고요. 전공은 신장내과, 이식면역학입니다. 그럼 김연수 병원장님, 부탁드리겠습니다.

서울대학교 일본연구소
Reading Japan 34

기조 강연

New normal, how can we make?

김연수

(서울대학교병원장)

김연수: 안녕하십니까. 서울대병원장 김연수입니다. 코로나
19로 우리 일상이 멈추어 있고 국제적인 교류도 상당히
제한되어 있는 요즘에 가장 가까운 이웃인 한국과 일본
의 전문가들이 미래를 논의할 수 있는 장을 마련해 주셔
서 감사합니다. 특히 오랜 친구인 도쿄대의 난가쿠 마사
오미 교수와 함께 공동으로 진행하게 되어 감격스럽기
도 합니다.

코로나19 팬데믹으로 정말 과거의 삶과는 전혀 다른 삶을
영위하고 있고, 팬데믹이 지나간다 하더라도 과거와 같은
생활방식이나 사고방식은 더 이상 유효하지 않을 것이라
는 명제에 많은 분들이 동의하고 있는 것 같습니다.

새로운 정상, 즉 뉴 노멀에 대한 가치를 한일 양국의 전문가들이 논의하고 우리는 어떠한 준비를 해야 할 것인가가 오늘의 제 제언입니다. 다 아시겠지만 100년 전의 스페인 독감 이후 가장 큰 상처를 주고 있는 코로나19 감염증의 원인에 대해서는 많은 의견들이 있고 또 이견이 있을 수 있습니다. 하지만 이번에 겪고 있는 팬데믹 상황 이후에도, 이러한 상황이 반복되고 또 자주 올 것이라고 예상하고 있습니다. 결국 인간의 행동 양식이 이러한 현상을 유발하거나 그 규모를 크게 하고 있다고 생각합니다.

여러 가지 원인을 살펴볼 수 있겠지만, 많은 전문가들은 인간의 생활환경 확대를 가져온 글로벌라이제이션(Globalization)과 어바니제이션(Urbanization)이 우선적으로 이러한 상황을 야기하고 있다는 데 동의하고 있는 것 같습니다. 그런데 이러한 현상의 기저에는 우리가 모든 가치를 자본으로 환원하는 인식 체계의 문제점과 환경 파괴를 야기하는 우리의 경제적인 성장이 있어 오늘의 문제에 상당한 영향을 미치고 있습니다. 저는 이번의 팬데믹 상황이 우리에게 다양한 교훈을 주고 있다고 생각합니다. 쉽게는 내가 건강하려면 주위 사람들이나 환경이 건강하여야 한다는 것입니다. 즉 개인의 건강이 더 이상 개인적인 차원의 문제가 아니라는 것이죠. 그리고 내가 생각하고 행동하는 삶의 기준 또는 표준을 바꿔야 한다는 것이고 이러한 시작이 나뿐만 아니라 우리 미래 세대에게도 직접적으로 영향을 주는 것이라고 저는 생각합니다. 즉 미래는 우리가 현재 어떻게 행동하느냐에 달려 있다는, 좀 절박한 마음입니다.

그간 내가 좀 더 잘해야 하고 사회적으로 어떠한 성취를 이루었는가가 내 삶의 결과물이었다면, 이제는 '어떻게 우리 모두가 같이 살 것인가', 그 안에서도 '나는 어떻게 행복한 삶을 살 것인가'에 대한 진지한 질문이 있어야 한다고 생각합니다. 저는 오늘 세미나가 우리가 가지고 있던 성장 중심주의를 기반으로 한 경제와 의료 시스템에서 모든 생명체의 삶 또 퍼블릭(public)을 우선으로 고려하는 사회, 그리고 이러한 생활이 영위되는 공동체를 어떻게 만들고 지속 가능하게 할 것인가를 논의하는 시발점이 되기를 바랍니다. 여러 석학들의 진지한 논의에 많은 기대를 하고 있습니다. 오늘 세미나가 잘 진행되기를 바라고요. 오늘 세미나를 통해서 저 또한 많은 것을 배우고 싶습니다. 감사합니다.

남기정: 네, 감사합니다. 내가 건강하려면 내 주변이 건강해

야 한다는 말이 굉장히 인상 깊었습니다. 그러면 두 번째 기조 강연을 듣도록 하겠습니다. 난가쿠 마사오미 도쿄대학 의학계연구과 부학부장님을 모시겠습니다. 난가쿠 부장님은 도쿄대학 의학부를 졸업하고 1998년부터 같은 학교에 재직하고 계십니다. 2019년부터는 도쿄대학 의학계연구과 부학부장으로 임명되어 재직하고 계십니다. 주 전공 분야는 신장내과, 내과학입니다. 작년 11월에는 전통 깊은 일본의 의학상인 벨츠상(ベルツ賞)[1]을 수상하였습니다. 그럼 난가쿠 부장님을 모시겠습니다.

---

1) 일 · 독 양국 간의 역사적인 의학 영역에서의 교류관계를 회고하고, 또 그 교류관계를 깊이 하기 위한 목적으로 베링거 인겔하임(Boehringer Ingelheim)이 1964년에 제정한 전통 있는 일본 국내의 의학상.

Lessons from combat against COVID -19

난가쿠 마사오미

(도쿄대학 대학원 의학계 연구과·
의학부 부연구과장·부의학부장)

난가쿠 마사오미: 소개해 주셔서 감사합니다. 제 오랜 친구인 김연수 병원장과 함께 기조강연을 맡게 된 점을 매우 기쁘게 생각합니다. 지금 코로나19가 큰 문제가 되고 있는데요. 우리는 항상 자연재해와 직면하며 살아왔습니다. 지금이 2021년인데 10년 전인 2011년에는 동일본 대지진이라는 매우 큰 지진 재해가 일본을 덮쳤습니다. 긴급의료지원팀으로 제가 현지에 갔을 때 여러 가지 활동을 같이 했었습니다. 매우 날씨가 춥고 눈도 왔었고 쓰나미 영향으로 매우 커다란 피해를 입었던 그런 상황이었습니다. 그때 당시 일본 전국에서 긴급의료지원팀

19

이 현지로 갔었는데요, 세계 각국에서도 지원팀들이 이곳에 왔습니다. 그중에 한국에서 오신 팀이 있었는데요, 가장 먼저 일본에 오셨고 지원을 해 주신 팀이었습니다. 한국 여러분들의 일본에 대한 지원에 대해서 진심으로 감사 말씀을 드리고 싶습니다. 자연재해에 있어서 우리가 서로 간에 협력하면서 대응을 한다는 것은 필요 불가결한 일이고, 또 이번 코로나19 사태에 있어서도 상호 간에 협력하면서 같이 대처할 수 있는 기회를 서울대학교에서 주신 점에 대해서 또 매우 감사를 드리고 싶습니다. 일본의 코로나19 현황에 대해서 보시면, 1차 유행이 작년 4월에 있었습니다. 당시는 그렇게 큰 규모가 아니었습니다. 그 다음에 2차 대유행이 여름에 왔는데요. 그리고 지금 현재 3차 대유행이 조금씩 진전이 되는 중입니다. 현재까지 일본에서는 46만 명의 환자가 발생을 했고요, 9천 명 정도가 돌아가셨습니다. 겨울에 3차 대유행을 맞아서 일본의 메디컬 어소시에이션에서는 작년 12월에 긴급 사태를 선언했습니다. 메디컬 이머전시 선언이라고 할 수가 있겠는데요. 이것은 환자 수의 증가에 의료적 대응을 하기 어렵게 되었다는 위기감에 근거를 둔 것이었습니다.

저는 김연수 선생님과 마찬가지로 심장병 환자를 보고

있는데요, 만성 심부전 환자들은 코로나19에 의해 악화되기 쉬운 고위험군 환자들입니다. 일본 정부에서는 투석 환자가 코로나19에 걸렸을 때 전원을 입원시켜야 한다는 지시를 내렸습니다. 그러나 의료자원 고갈로 2021년 1월 상황에서는 이미 불가능하게 되었습니다. 그렇기 때문에 저희가 그런 상황에 직면을 하게 된 것입니다. 저희가 여러 가지 조사를 했는데요. 코로나19 환자를 진료할 수 없는 이유 중에 가장 큰 것은 공간 제한이었습니다. 투석실이 좁습니다. 환자들끼리 너무 밀접하게 되다 보니까 환자들끼리의 수평 거리가 너무나 좁다는 위험이 있었습니다. 그 다음으로 인력 부족을 들 수가 있었습니다.

저희는 심부전 환자를 보고 있는데요. 실제로 진료를 하는 데 있어서 눈앞에 있는 환자분들은 여러 가지 문제를 안고 계십니다. 많은 학회에서 가이드라인을 제시하고 있는데, 자기가 보고 있는 환자에게 어떠한 가이드라인을 적용시키면 좋을지 잘 모르겠다는 의견이 있었습니다. 그래서 일본의학회연합(日本医学会連合)에서 가이드라인을 작성했는데, 굉장히 사용하기 좋다면서 많은 분들께서 활용하고 계십니다. 그리고 도쿄대학에서는 정보 제공을 하는 것이 중요하다는 인식 하에 일반 시민을 대상으로 하여 포스트 코로나 소사이어티라는 시리즈로 웨비나를 여는 형태로 일반인들께 정보 제공을 하고 있습니다.

대학 자체는 사람과 사람들이 직접 교류하는 것이 활동의 기본이 되는데요. 그러나 지금 현재 코로나19에 의해서 이러한 것이 엄격하게 제한을 받고 있습니다. 그런 가운데 대면 활동의 중요한 가치를 우리는 다시 한번 확인을 할 수가 있었습니다. 앞으로 캠퍼스 내에 있어서의 안심을 확보하는 것을 대전제로 해서 향후 도쿄대학에서는 온라인 활동을 이어가면서 대면이 중요하다고 여겨지는 활동 또한 단계적으로 확대해 갈 예정입니다. 코로나19 생활은 앞으로도 이어질 것입니다. 이것을 대학이 보다 진화한 모습이 되어 갈 수 있는 좋은 기회로 여기고 싶습니다. 새로운 라이프 스타일로서 대학에 뉴 노멀을 여러분과 함께 만들어가고 싶다는 것이 일본의학회연합 현재 회장님과 다음 회장님의 메시지였습니다. 특히 유학생 여러분들에 대해서는 지원이 필요하다는 것을 강하게 인식하고 있고요. 그러한 지원 또한 앞으로 계속해 갈 생각입니다. 마지막으로 이러한 기회를 주신 것에 대해서 다시 한번 서울대학교 일본연구소 여러분들과 김연수 병원장님, 그리고 실무를 맡아주신 다무라 선생님께 감사드리면서 제 말씀은 이것으로 마치도록 하겠습니다. 앞으로도 잘 부탁드리겠습니다.

김연수: 난가쿠 선생님 강의 잘 들었습니다. 난가쿠 선생님이 하신 말씀 중에 대학 내에서 대면 교육을 하는 것이 굉장히 중요하다고 말씀하셨는데, 이를 위해서 어떠한 행동을 취하고 계신가요? 참고할 내용이 있으면 알려 주시면 정말 감사드리겠습니다.

난가쿠 마사오미: 김연수 병원장님 질문 주셔서 감사드립니다. 지금까지는 각 대학에 가서 심포지엄을 직접 하거나 학생들이 교환 유학을 하는 것들도 적극적으로 진행되었는데요, 현 시점에서는 그러한 활동들이 불가능한 상황이 되었습니다. 하지만 백신을 다 접종하게 되면 이전처럼 서로 간에 왕래도 하고 직접 대면으로 심포지엄도 개최할 수 있게 될 텐데, 그 전까지는 발전된 IT테크놀로지를 가지고 교류를 계속해 가는 것이 대단히 중요하다고 생각합니다. 이 점에 대해서 김연수 병원장님께 저도 여러 가지 말씀을 듣고 싶습니다.

세션 1
코로나19 대응과
한일 의료 체계

● **야나기모토 신타로**, 신종 코로나바이러스 감염증에 대한
　　일본의 의료 체계

● **홍윤철**, 포스트 코로나 시대의 스마트 의료 체계

발표 1

신종 코로나바이러스 감염증에 대한 일본의 의료 체계

야나기모토 신타로

(도쿄대학 보건 · 건강추진본부 교수)

남기정: 이어지는 세션은 각각 두 분 선생님께서 한국과 일
본의 현실에 대해서 소개를 해 주시는 시간을 갖습니다.
그리고 한국은 일본 측의, 일본은 한국 측의 발제에 대
해서 내용을 확인해 주시고, 비교와 관계의 관점에서,
비교에서는 차이점 또는 공통점을 지적해 주신 후, 한국
과 일본이 어떠한 방식에서 협력이 가능한지, 협력이 가
능한 아이템이나 분야가 있으면 그런 점들을 드러내주
시는 방식으로 코멘트를 진행해 주시면 됩니다. 그 다음
서로에게 의문으로 남아 있던 것들, 조금 더 확인해야

할 것들이 있으면 질문하는 시간을 먼저 갖겠습니다. 혹시 채팅창으로도 올라오는 질문이 있다고 한다면 그것을 받아서 다시 선생님들께 드리고, 답변을 듣는 순서로 진행하도록 하겠습니다.

세션1은 "코로나19 대응과 한일 의료 체계"와 관련해서 두 분 선생님을 모셨습니다. 도쿄대학 보건·건강추진본부 교수이신 야나기모토 신타로(柳元伸太郎) 선생님, 그리고 서울대학교 휴먼시스템의학과 교수이시면서 서울대학교 공공보건의료진흥원장을 맡고 계신 홍윤철 선생님, 두 분 모셨습니다. 먼저 야나기모토 선생님 말씀을 듣고자 합니다. 야나기모토 선생님은 오하이오 주립대에서 경제학과 저널리즘 석사학위를 취득하셨고, 도쿄대에서 의학박사학위를 취득하셨습니다. 2011년에 도쿄대에 부임하셨고, 현재 도쿄대 보건·건강추진본부의 교수로 재직 중이십니다. 주된 전공 분야는 내과학 일반, 감염증 내과학, 건강관리학입니다. 그럼 야나기모토 선생님, 부탁드리겠습니다.

야나기모토 신타로: 소개 말씀 감사합니다. 도쿄대학의 야나기모토 신타로라고 합니다. 오늘 이런 기회를 주셔서, 또 이렇게 회의를 마련해 주신 선생님들께 감사 인사드

리겠습니다. 저는 신종 코로나바이러스 감염증에 대한 일본의 의료 체계에 대해서 말씀드리겠습니다. 이번에 제가 준비를 하면서 한국에서의 감염자 수와 사망자 수를 확인했는데요. 일본과 비교했을 때 감염 컨트롤이 매우 잘 되고 있다는 것을 다시 한번 확인했습니다. 또 여러분들의 이야기를 들을 수 있게 된 점을 기쁘게 생각합니다.

일본에서 첫 확진자가 발견된 것은 2020년 1월이었습니다. 그리고 3월 말부터 5월 초까지 감염자가 증가하게 됩니다. 이 때 정부는 긴급사태선언을 전국적으로 발령했고, 음식점의 영업 제한, 이동 제한 요청이 있었습니다. 그리고 신규 감염자 수는 줄어들었고, 5월 하순에 긴급사태선언은 해제가 됩니다. 그러고 나서 사회경제 활동에는 다양한 제한이 이어지게 되었는데, 7월에 다시 감염자 증가가 있었습니다. 이때는 긴급사태선언이 발령되지는 않았고 일상생활의 다양한 상황에 있어서 감염 대책이 필요한 상황이 되었습니다. 그리고 일본에서는 3차 유행이라 하는 감염자의 재확산이 10월 경부터 다시 시작되었습니다. 감염자의 급증에 따라서 2021년 1월에는 다시 긴급사태선언이 발령됩니다. 이 긴급사태선언은 얼마 전 일요일(2021년 3월 21일)에 해제가 되었습니다. 신규 감염자 수의 증감에 연동되면서 입원 환자 수, 또 중증 환자 수 등의 숫자들도 증감하게 됩니다. 이것은 팬데믹 상황에 있어서의 일본의 의료 체계의 문제점을 드러냈습니다.

아시는 분들도 계시겠지만, COVID-19와 별개로 일본의 의료 체계의 전반적인 내용을 말씀드리겠습니다. 일본의 의료에는 의료보험 제도가 있습니다. 의료보험 제도는 공적 의료보험으로 되어 있습니다. 이것은 해외에서 오는 유학생을 포함하여 거주자 전체가 강제적으로 가입하게 됩니다. 보험료는 저소득층은 면제가 되는데, 소득에 따라서 매달 수천 엔에서 수만 엔 정도를 지불하게 됩니다. 그리고 원칙적으로는 자기가 진찰을 받는 병원을 본인이 선택해서 치료를 받을 수 있습니다. 그리고 창구에서 본인이 30% 정도를 부담하게 됩니다. 이 의료비는 건강 보험 제도 하에서 보험진료라는 형태로 이루어지고 있고 전국의 일률적인 공정가격으로 형성되어 있습니다. 따라서 어느 의료 기관에 가더라도 같은 검사, 같은 진료를 받게 되며 대략적인 비용은 동일한 금액이 됩니다. 일본에서의 보험진료의 비율을 보게 되면 치과, 미용 등 일부 분야를 제외하고 대부분은 보험진료가 적용됩니다.

다음으로 의료 기관에 관련된 제도가 되겠습니다. 의료법이라는 제도에 따라서 의료 기관의 종류 또는 규모 등이 결정되는데, 인구당 병상 수, 침대 수를 보게 되면 OECD 회원국에서 일본이 가장 많은 숫자를 차지하고 있습니다. 일본의 의사 수는 32만 명 정도인데, 이것은 인구당 OECD 평균치를 밑도는 수준입니다. 여기에 결핵 병상, 또 감염증 병상이라는 것이 있는데, 이것은 팬데믹이 발생하기 이전에 대비를 한 것이고, 이번처럼 코로나가 발생했을 경우 같은 제일 좋은 대응을 하는 병상이 되겠습니다. 여기까지는 평상시의 의료 제도에 대한 이야기가 되겠습니다.

팬데믹에 대한 의료 제도에 대해 말씀드리겠습니다. 일본에서는 신형 인플루엔자 등 대책특별조치법이라는 것이 있습니다. 이름에서 아시겠지만 이것은 원래 2009년에 발생했던 당시의 신종 플루를 계기로 해서 검토가 이루어졌던 것이고, 국가의 팬데믹 대책의 기본적인 법률이 되겠습니다. 여기에서는 개별적인 의료보다는 사회에 있어서의 대책을 어떻게 추진할 것인가 하는 것에 중점을 두고 다양한 항목들이 규정되어 있습니다.

다음으로 감염증에 대한 법률에 대해서 말씀드리겠습니다. 이것은 감염증 예방 및 감염증 환자에 대한 의료에 관한 법률, 보통 감염증법이라고 부르는 것입니다. 이 법률에서는 여기 적혀 있는 것처럼 여러 가지 감염증을 분류하고 있습니다. 예를 들어 에볼라 출혈열이라든지 천연두, 흑사병과 같은 중대한 질병은 1종 감염증으로 분류가 됩니다. 소아마비, 결핵, 디프테리아, MERS, 이런 것이 2종 감염증으로 분류가 되어 있습니다. 이와 같은 분류는 공중위생 관리의 필요성이나 대응에 따라서 규정되는 것입니다. 이 정의에 따라서 의료 기관이 진단을 했을 경우에는 신고를 해야 합니다. 또 어떤 의료를 제공해야 하는지, 그러한 내용들이 규정되어 있습니다. COVID-19는 원래 지정감염증으로 분류 및 대응되었습니다. 지정감염증이면 법률에 따라서 환자를 격리해야 합니다. 원칙적으로 입원시켜야 하는 것이고, 의료 비용은 공적 비용으로 부담합니다. 또 의료 기관은 감염증 지정 의료 기관에서 대응합니다. 앞서 병상 이야기를 말씀드렸는데 감염증 병상이 있는 지정 의료 기관, 예컨대 감염증법에 있는 신감염증 등에 대응하는 병상을 가진 병원은 국내에 네 곳, 병상 수로서는 10개 있습니다. 여기에 있는 제1종, 제2종 병상 수에 대해서 말씀드리겠습니다. 제1종과 제2종 모두 합해서 6천 개 정도 있습니다. 그 외에 결핵 요양을 할 수 있는 곳이 한 10만 개 정도가 있겠고, 일본은 아직 결핵 환자가 꽤 나오는 편입니다. 결핵에 대한 대응은 다양한 감염증 대응의 기본이 되는 장비, 또 스킬이 필요하기 때문에 이러한 병상도 만약의 경우에는 동원이 될 것으로 예상해 볼 수 있겠습니다.

그리고 검사와 관련된 제도에 대해서도 설명해 드리겠습니다. 지정감염증과 같은 감염증에 대한 검사는 제도상으로는 행정검사가 이루어지게 됩니다. 이것은 환자의 자기 부담은 없고 의료 기관에서 검사를 할 경우에 보건 당국과의 조정이 필요한 경우는 있습니다. 누구든 희망을 하면 검사를 받을 수 있는 것은 아니고요, 대상자가 어느 정도 제한되는 형태입니다. 일본에서 제일 처음 SARS-CoV-2 검사가 이루어졌을 때에는 PCR 검사를 일부 시설에서만 할 수 있었기 때문에 기본적으로는 모두 다 행정검사로 검사가 이루어졌습니다. 하지만 그 이후에 계속해서 검사 체계도 확충이 되어 갔고 많은 민간 시설에서도 검사를 할 수 있게 되었습니다. 그러면서 말씀드린 건강 보험을 활용해서 보험진료를 통한 검사도 가능하게 되었습니다.

그리고 COVID-19가 사회적으로 대단히 큰 문제가 되어 있기 때문에 검사를 꼭 받고 싶은 사람들, 그리고 또 검사를 받게 하고 싶은 조직이나 단체들도 많았기 때문에 이와 같은 일반적인 건강 보험, 행정검사 이외의 검사 체계도 나오게 됩니다. 이러한 제도 하에서 COVID-19 환자가 발생했을 때 어떤 대응이 취해지는지 살펴보겠습니다. 먼저 지정 의료 기관에서 진찰받고, 행정검사를 받고 진단이 나오게 되면 의료 기관에서 발생 신고가 이루어집니다. 환자는 격리를 위해서 입원하게 됩니다. 이 제도가 정해져 있기 때문에 처음에는 경증이더라도 입원을 해야 했습니다. 그리고 또 신고를 받는 보건소, 의료 기관은 환자 접촉자를 특정했고 감염 방지를 위해서 대처를 하게 되었습니다.

〈그림 1〉 감염자 수와 요양방법별 환자 수(전체)

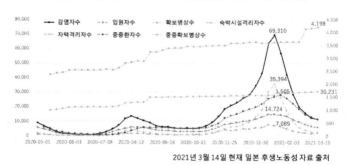

2021년 3월 14일 현재 일본 후생노동성 자료 출처

일본에서 환자가 발생했을 때 어떤 상황이었는지 말씀 드리겠습니다. 이 그래프는 일본에서의 감염자 수와 요양 방법별 환자 수를 나타내고 있습니다. 이 감염자 수는 회복한 분들의 숫자를 뺀 것이기 때문에 그 당시 시점에서 의료를 필요로 하는 사람들의 숫자라고 보시면 되겠습니다. 그러면 여기 6월, 7월 경에는 규정대로 입원 요양을 했었습니다. 이렇게 환자 수가 갑자기 늘어나면서 병상 수가 부족한 현상이 벌어지게 되었고 여기 있는 것처럼 자택 요양을 하는 환자들의 숫자도 늘어났고, 입원자 수, 감염자 수에 큰 차이가 발생하게 됩니다. 이러한 상황이 계속해서 이어지게 되었고 3차 유행, 그리고 올해 들어서 또 이와 같은 형태로 이 차이가 현저하게 나고 있습니다. 다만 의료붕괴라는 말도 있었으나 병상 확보를 해야 했기 때문에 우선 국공립 병원이 적극적으로 이 환자들을 수용할 수 있도록 하는 체계가 취해졌습니다. 일본의 의료 기관의 70%가 민간시설이기 때문에 민간 의료 기관은 감염 대책이 어려운 점도 있고, 또 일반적인 수익과 관련된 경영적인 문제 때문에 환자를 수용하지 않는 곳들이 많은 상황입니다. 이에 대응하기 위해서 보험진료의 수입인 진료보수, 수가의 특례조치를 마련했습니다. 그래서 COVID-19 환자에 대해서는 특별한 가산을 한다든지, 또 의료 기관에 적극적으로 재정적인 지원 등을 하는 방안도 강구가 되었습니다.

〈그림 2〉 감염자 수와 요양방법별 환자 수(도쿄도)

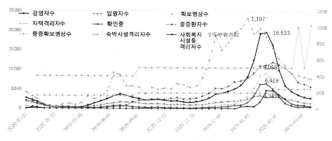

2021년 3월 14일 현재 일본 후생노동성 자료 출처

이것이 도쿄도의 그래프입니다. 전체적인 경향은 말씀드린 전국 상황과 유사한데요. 도쿄도는 특히 환자 수가 많습니다. 하지만 병상 수가 그 정도로 많이 늘어나지는 못했기 때문에 이런 식으로 호텔을 이용한 숙박 요양을 한다든지 자택에서 요양을 하는 환자 분들이 많았습니다. 이런 것이 원래 설계되었던 제도가 가동이 잘 되지 않으면서 벌어진 현상입니다. 지금 현재는 이러한 문제점에 대응하기 위해서 몸 상태가 이상한 사람은 보건소 등의 전용 상담센터를 통해서 진찰을 받았었는데, 직접

의료 기관에 간다든지 민간 의료 시설을 활용해서 검사를 받는 것도 가능해졌습니다. 검사에서 양성이 되면 보건소에 신고할 필요가 있고 그 이후에 자택요양 등을 하게 됩니다. 보건소가 요양 조정 등을 하게 되는데요. 실제로 이 보건소 숫자가 환자 숫자보다도 훨씬 적기 때문에 이와 같은 조정이 잘 되지는 못하고 자택 요양이 길어진다든지, 이러한 분들도 발생하게 되었습니다. 제도상으로는 신고를 한 이후에는 의료 기관에서 환자가 떠나기 때문에 보건소 지시가 없는 한 주치의가 없는 상황이 발생하게 됩니다. 그동안 사망을 하시는 분들도 발생했다는 보도가 있었습니다.

이에 따라서 법률 개정도 이루어지게 됩니다. 작년에 신형 인플루엔자 등 대책특별조치법에 대해서는 COVID-19도 명확하게 이 법률에 포함되었습니다. 그리고 감염이 안정이 되지 않는 상황에서 좀 더 강제력이 있는 조치도 취해지도록 도입되었고, 2021년 2월에 그러한 개정이 이루어졌습니다. 또 감염증에 있어서 COVID-19의 분류를 명확하게 하고, 입원을 거부하는 사람들에 대한 행정 처벌도 도입됩니다. 또 입원의 경우에는 정해진 곳에 환자를 격리해서 감염 확대를 막는 의미가 있기 때문에 이와 같은 행정 처벌이 도입된 것입니다.

정리를 해보자면, 미지의 신흥감염증을 예측한 의료 제도를 준비하는 것이 대단히 어렵다는 것을 다시 한번 인식하게 되었습니다. 감염자 수가 적을 때에는 기존 제도로도 감염자 파악이나 감염증의 파악과 같은 조사 관리가 유용한 측면이 있었습니다. 하지만 COVID-19는 무증상 감염자가 있고, 또 일정한 비율의 환자들이 중증으로 진행됩니다. 또 잠복기간도 2주일 정도로 긴 편이고, 따라서 감염 대책이 대단히 어렵습니다. 그 결과로서 감염자 수에 대응할 수 있을 만한 의료 체계의 준비가 사전에 이루어지지 못했던 측면이 있습니다. 그 이후의 대응도 늦어질 수밖에 없었습니다. 늦어지게 된 이유는 이미 제도가 있기 때문에 이 제도에 맞추어서 무언가를 하려고 하다 보니까 경직되고 좀처럼 유연한 대응을 취하지 못했던 것입니다. COVID-19에 대해서는 지금까지의 경험을 바탕으로 의료 제도의 변경도 이루어지고 있는데, 앞으로도 새롭게 발생할 수 있는 팬데믹에 대비한 제도로 어떻게 준비해 나갈 것인가 하는 과제가 남아있다고 생각합니다. 제 발표는 여기까지 하도록 하겠습니다. 감사합니다.

남기정: 야나기모토 선생님 감사합니다. 일본 의료 체계의

개요를 소개해 주셨고, 여러 가지 제도적인 상황들, 그리고 병상 문제를 포함한 일본의 현상들, 그리고 약간의 문제점 지적도 해 주셨습니다.

포스트 코로나 시대의 스마트 의료 체계

홍윤철

(서울대학교 휴먼시스템의학과 교수)

남기정: 그럼 두 번째 발제를 듣겠습니다. 두 번째 발제자는 홍윤철 선생님이십니다. 서울대학교 휴먼시스템의학과 교수시고, 서울대학교병원 공공보건의료진흥원장이십니다. 홍윤철 선생님은 서울대 의대를 졸업하시고, 인하대 의과대 교수로 재직하신 다음 2004년부터 서울대 의대 교수로 재직 중이십니다. 주된 전공 분야는 환경유전역학이십니다.

홍윤철: 귀중한 자리에 초대를 받고 말씀을 드릴 수 있어서 너무나 영광입니다. 이런 한일 협력 관계가 앞으로는 미

래를 같이 보면서 서로 난제들을 해결해 나가는 좋은 기회의 발판이 됐으면 하는 생각입니다. 제가 말씀드릴 내용은 포스트 코로나 시대의 스마트 의료 체계가 되겠습니다.

먼저 일본의 코로나19 현황을 들었습니다만, 한국의 현황을 간단하게 말씀드리면 큰 패턴에서 비슷한 것 같습니다. 작년 3월에 첫 번째 피크가 있었고. 그 다음 여름에 두 번째 피크, 그리고 작년 겨울쯤에 세 번째 피크가 있었습니다. 지금은 다시 내려가고 있습니다만, 현재 당면하고 있는 큰 문제가 계속 4백 명대 부근을 왔다갔다하고 있는 그런 문제는 아닙니다. 사실은 어제 날짜(2021년 3월 24일)로 한국에서의 코로나19 확진자는 10만 명을 넘게 됐습니다.

주로 환자가 발생하는 지역은 서울, 경기, 인천과 같이 수도권입니다. 어떻게 보면 의료가 낙후돼 있는 지역에서 환자가 많이 발생하고 사망하는 것이 아니라 사실은 의료가 발달돼 있고 사람이 많이 모여 있는 곳에서 환자가 많이 발생하고 또 사망도 일어나고 있다는 점이 코로나의 특징이라고 볼 수 있을 것 같습니다.

그런데 코로나의 사망률을 가지고 발생자 또는 환자에 대한 대응 역량을 볼 수가 있습니다. 미국과 스웨덴, 유럽 등과 비교해서 사망률이 100만 명당 어떻게 되느냐를 살펴보면, 미국은 보시다시피 100만 명당 649명의 사망자를 내고 있고요, 유럽 연합도 338명, 그 다음에 독일, 노르웨이, 한국은 8명입니다. 그런 면에서 한국이 유럽이나 미국에 비해서 전반적인 대응을 잘했다고 얘기할 수 있을 것 같습니다. 물론 한국만 잘한 것은 아니라고 생각합니다. 사망자 숫자는 베트남, 중국, 한국, 일본 모두 비교적 매우 적습니다. 경제적인 피해 측면을 보아도, 중국과 베트남은 사실 GDP가 감소하지 않은 나라이고, 한국이나 일본은 조금 감소하기는 했습니다만, 유럽이나 미국에 비하면 그만큼의 감소는 없습니다. 즉 환자 발생률이나 경제적인 부담도 유럽이나 미국에 비해서는 적었고, 그만큼 아시아가 대응을 좀 더 잘했다고 볼 수 있을 것 같습니다.

특히 한국에서 코로나19의 대응 성과가 어떠한 요인에 의해서 얻어졌느냐를 얘기할 때 우리는 보통 "3T + 2P"를 얘기합니다. 3T는 테스팅(Testing), 트레이싱(Tracing), 트리트먼트(Treatment)로 이 세 가지를 비교적 잘했다고 하는 것이고, 2P는 'Personal protective measures'와 'Public health'입니다. 그래서 사회적 거리두기나 마스크와 같은 개인 보호에 대한 조치와 공공 보건에 대한 부분들을 비

교적 잘 했기 때문에 그러한 성과를 얻었다고 볼 수 있습니다.[1]

테스팅을 보면, 흔히 한국에서 테스팅을 굉장히 많이 했기 때문에 잘했다고 알려져 있지만 실제로 한국은 시간이 지나면서 테스팅 숫자가 그렇게 늘지 않고 유지되는 수준으로 가고 있습니다. 반면에 미국이나 영국은 테스팅 숫자가 굉장히 빨리 증가하고 있죠. 그러니까 미국과 영국은 테스팅을 한국보다 훨씬 더 많이 하고 있고, 그 점에서 미국과 영국이 잘 한다고도 볼 수 있습니다만, 결과적으로는 그렇지 않았지 않습니까. 저는 그 이유가 테스팅 시작 타이밍에 있다고 생각합니다. 사실 미국과 한국은 첫 발생자가 같은 날 나왔습니다. 그런데 같은 날 나왔지만 한국은 테스팅을 굉장히 빨리 시작했고 미국은 거의 한 달 뒤에 그 정도의 테스팅을 할 수 있었습니다. 그러니까 한국과 미국은 테스팅 시점에서 한 달 정도의 차이가 납니다. 그래서 그 다음에 미국이 테스팅 숫자를 늘렸지만 그것만 가지고 대처하기는 부족했다고

1) ① 사전 준비와 조기 진단: Preparedness, mass Testing ② 공격적 접촉자 관리: Aggressive contact Tracing ③ 효율적 치료 관리: Efficient Treatment ④ 비약물적 중재와 개인 보호 장비: Social distancing and Personal protective measures ⑤ 지역 사회 공공 보건 의료 인프라: Public health and medical care infrastructure

볼 수 있습니다. 그래서 테스팅 타이밍이 굉장히 중요한 역할을 했다고 하는 것입니다.

〈그림 3〉 미국과 유럽의 코로나19 발생 및 사망 그래프

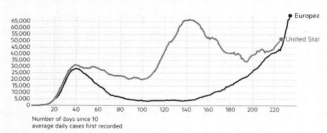

New confirmed cases of Covid-19 in European Union and United States
Seven-day rolling average of new cases, by number of days since 10 average daily cases first recorded

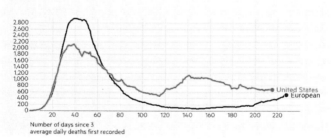

New deaths attributed to Covid-19 in European Union and United States
Seven-day rolling average of new deaths, by number of days since 3 average daily deaths first recorded

위의 그림은 발생, 아래 그림은 사망에 대한 미국과 유럽의 그래프입니다(〈그림 3〉). 유럽의 경우, 초기에 환자가 많이 늘었다가 다시 줄고 최근에 다시 늘고 있는

패턴입니다. 사망자의 경우 초기에 환자가 늘면서 사망
도 역시 늘지만 사망자 숫자는 그 이후에 환자 증가처럼
다시 늘지는 않습니다. 초기에는 대응 역량이 제대로 갖
춰지지 않았기 때문에 사망이 늘었지만, 이후 발생이 늘
어난다 하더라도 의료적 대응을 잘하면 사망이 같이 늘
어나지는 않는 것 같습니다. 그런 면에서 발생 환자를
줄이는 것도 중요하지만 또 의료적 대응을 잘하는 것이
사망자를 줄이는 데 있어서 매우 중요하다는 것을 알 수
있습니다.

〈그림 4〉 2020년(2-7월) 한국 코로나19 환자 수

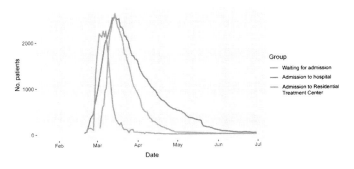

그렇다면 한국이 다 잘했냐고 묻는다면, 그렇지는 않습
니다. 이 그래프는 작년 3월 첫 번째 피크에 대한 그림
입니다(〈그림 4〉). 작년인 2020년 3월 대구에서 클러스

터가 있었는데요, 클러스터가 갑자기 생기면서 이 파란색 선(Wating for admission)은 환자가 생기면서 집에서 병원을 가지 못하고 대기하는 환자의 숫자고요. 그다음에 붉은색 선(Admission to hospital)은 병원에 입원하는 환자의 숫자입니다. 그리고 초록색 선(Admission to Residential Treatment Center)은 생활치료센터에 입소한 환자의 숫자인데, 생활치료센터는 증상이 없거나 아주 경미한 경우에 집과 병원의 중간 형태로서 입원해서 관찰하는 시설입니다. 초기에 환자가 대구에서 급격하게 증가하면서 의료적 역량이 바로 따라가지 못해서 한 일주일 정도는 환자가 집에서 대기하는 상황이 생겼고, 이때 코로나19에 의한 상황뿐 아니라 다른 질환에 의한 추가 사망이 일어났습니다. 그렇지만 병원의 대응 능력을 빨리 증가시키면서 그 환자들이 병원에 입원함에 따라 집에서 대기하는 환자가 다시 줄어들지 않습니까. 한편으로는 생활치료센터에서 환자를 수용하는 능력도 커지면서 환자가 집에서 대기하는 일은 이제 없어지게 되고, 그러면서 사망률 자체를 안정되게 관리할 수 있었던 것이 첫 번째 피크에서 생긴 일입니다. 두 번째나 세 번째 피크는 첫 번째 피크보다 더 컸음에도 불구하고 환자 대응 능력이 부족해서 사망이 추가로 발생하는 일은 일어나지 않았습니다.

한편 기본적으로 정부에서 관리하는 것은 사회적 거리 두기를 단계별로 나눠서 관리하는 것입니다. 기본적으로 환자 숫자가 많아지면 사회적 거리두기를 강화시키고 환자 숫자가 줄어들면 거리두기를 완화하는 전략, 즉 강화와 완화를 환자 숫자에 맞춰서 하는 전략을 대개 2주에 한 번씩 조절해 가면서 현재까지 해 오고 있습니다. 그러면서 환자를 어느 정도는 안정성 있게 관리해 왔다고 생각을 합니다.

주로 환자가 생기는 장소를 보면 의료 기관과 요양시설, 그 다음으로 소규모 모임, 그 다음으로 종교 활동, 사업장 등입니다. 그러니까 이런 장소가 환자 발생이 많은 곳이고 또 그런 장소에 초점을 두고 관리하는 것이 필요합니다. 그러면서 지금은 사회적 거리두기에 더해, 각 유형별 집단에 대해서 위험도를 평가하고 위험도에 맞게 방역 지침을 내리는 정밀 방역이라고 하는 수단을 같이 사용하고 있습니다. 이러한 방역에 대한 관리로 인해서 현재까지는 비교적 안정적으로 운영해 왔다고 생각합니다. 그 성과를 요약하자면, 확진자 수가 줄어든 것은 "방역 대응"을 잘한 것으로, 치명률이나 사망률이 적은 것은 "의료적 대응"을 잘한 것으로, 그리고 경제적 피해가 적은 것은 "사회적 대응"을 잘한 것으로 정리할 수 있을 것 같습니다.

사실은 이렇게 제가 한국이 잘했다고 말씀을 드리지만, 기본적으로 잘할 수 있었던 가장 큰 원인은 무엇인가. 사실은 저희가 이 코로나19를 겪기 전에 메르스라고 하는 전염병으로 인해서 한국 사회가 호된 전염병 경험을 했습니다. 당시에 발생자는 186명이고 사망자는 39명이었지만 몇 달 동안 한국 사회는 메르스로 인해서 상당한 고통과 또 경험을 얻었습니다. 그리고 이때 정리됐던 여러 가지 조치들이 코로나19 때 초기부터 작동할 수 있었다고 저는 생각합니다.

한편 코로나19가 끝이냐. 사실 2000년대 들어와서 우리가 겪었던 전염병은 SARS, 신종 플루, 메르스, 코로나19로 거의 5~6년에 한 번씩 이런 전염병이 옵니다. 그렇다면 그 다음 전염병도 오지 않겠는가 하고 얘기할 수 있는 것이죠. 그리고 그것은 상당히 타당한 예측이라고 생각합니다. 그렇다면 거기에 대한 대응 전략은 무엇인가라는 질문이 또 생기게 됩니다. 현재 대응 전략은 백신을 빨리 만들어서 집단 면역 수준을 높이는 것입니다. 그러나 백신을 매우 빨리 만들고 백신을 다 접종해서 집단 면역을 이루기에는 아무리 빨라도, 매우 잘하는 국가에서도 한 2년 정도 걸립니다.

그렇다면 이렇게 백신 전략이 미래의 충분한 대응 전략이냐 하는 질문이 생길 수밖에 없고, 또 한편으로는 우리가 지금까지 전염병 시대 또는 만성 질환 시대를 지나면서 이제는 신종 전염병 또는 퇴행성 질환 시대로 넘어가고 있지 않느냐를 우리가 봐야 될 것 같습니다. 또한 새로운 대응이 필요한데, 물론 그것은 의료 기술의 발전, 또 의료 체계를 강화하는 것이라고 생각합니다. 한편으로 이제는 의료에 대한 개념도 바꿔서 커뮤니티 중심의 의료라고 하는 것으로 새롭게 만들어가야 되지 않겠나 하고 생각합니다.

한편 코로나19 전염병만이 문제가 아니고, 아마도 일본 사회는 한국 사회보다도 더 많이 또 빨리 경험을 했겠습니다만, 인구 구조의 변화는 앞으로 새로운 의료 전략을 만들지 않으면 안되는 상황을 만든다는 것입니다. 코로나19에서 가장 피해를 보고 또 가장 사망률이 높았던 집단 역시 노인 인구입니다. 그래서 이러한 노인 문제도 우리가 코로나19와 같이 생각을 해야 되는 문제인데, 현재 일본 사회는 65세 이상 인구가 저희 한국보다 거의 10% 더 많은 것으로 알고 있습니다. 그렇지만 고령화 속도로만 본다면 또 한국이 굉장히 빠릅니다. 한국과 일본은 고령화 문제를 동시에 같이 겪고 있는 나라들입니다. 그런 면에서 대응도 같이 머리를 맞대고 해야 되지 않겠는가 하고 생각합니다. 말씀드린 것처럼 이제 의료의 새로운 전략이 필요하지 않겠는가 하는 것이고, 저는 그것을 커뮤니티 중심의 의료라고 생각합니다. 이제는 질병 중심에서 "사람 중심"으로, 병원 중심에서 "지역사회 중심"으로, 또 의료 전달 체계에서 "의료 협력 체계"로, 이렇게 개념적인 전환을 하고 또 거기에 맞는 의료를 새롭게 만들어가야 되지 않을까 하는 것이고요.

물론 이를 위해선 여러 가지 기술 기반이 있어야 되고 기술을 활용해야 됩니다. 다행스럽게도 상당히 많은 모니터링 기술들이 개발되고 있고 이것을 잘 활용할 수 있을 것으로 보입니다. 결국은 의료가 커뮤니티적으로 바뀌고, 또 의료가 언제라도 환자를 관리할 수 있는 새로운 시대로 넘어가야 된다고 생각합니다. 그런 면에서 1차 의료 서비스가 지역사회에서 강화되고 또 여러 가지 정보가 집이나 지역사회에서 만들어지고 그것이 의료의 전체적인 시스템 속에서 환자를 근접해서 관리할 수 있는 새로운 의료 서비스가 필요하지 않겠는가 하고 생각합니다.

우리가 현재는 의료 전달 체계를 얘기합니다. 그래서 환자를 중심적으로 보는 것은 상급 종합병원이라고 하지만, 이제는 의료의 단순한 전달 체계가 아니라 역할과 기능에 의해서 1차 의료 기관부터 시작해서 상급종합병원까지 분산형 의료 체계를 만들어야 한다고 생각합니다. 예를 들어서 코로나19와 같은 상황에서 병상 부족의 상태는 사실 한쪽은 의료 자원이 남아돌고 한쪽은 부족한 것이라고 저는 생각합니다. 그런 것들이 적절하게 분산돼서 의료를 이루어 갈 수 있는 시스템을 만드는 것이 필요하고 또 이런 것들은 기술적으로 충분히 할 수 있다고 생각합니다. 그런 기술이 아마도 의료 플랫폼이라고 생각되고 의료 플랫폼 기반의 통합적 건강관리를 미래에는 해야 되겠다는 생각이고, 이러한 부분에 있어서 앞서 나갈 수 있는 나라가 저는 일본과 한국이라고 생각합니다. 그래서 저는 두 나라의 협력이 몹시 필요하다고 생각합니다. 이상입니다.

세션 1

질의응답

남기정: 코멘트와 질의응답 시간을 갖도록 하겠습니다. 야나기모토 선생님께서는 한국의 의료 체계 대응을 보고 들으시면서 혹시 들었던 생각들이 있으시면 나눠 주시기 바라고요, 반대로 홍윤철 선생님께서는 야나기모토 선생님의 발제를 들으시면서 느낀 것들을 좀 풀어주시기 바랍니다.

제가 사회자로서 한 가지 두 분께 공통으로 드리고 싶은 질문도 있습니다. 저는 이 분야에서는 완전히 비전문가고 문외한입니다. 그런 사람의 입장에서 봤을 때, 저는 한일 간의 관계나 한일 비교를 하는 사람이기 때문에 코로나19가 발생한 이후로 간혹 Our World in Data 같은 국제 비교가 가능한 사이트에 들어가서 한국과 일본의 상황을 확인해 보는 시간을 갖습니다. 한국과 일본의 차이점에 착목을 해서 어디가 어떻게 다른가라고 하는 것을 좀 보고 싶어서 들어가서 보게 되면, 의외로 한국과 일본이 상당한 정도로 비슷한 모습을 보이는 것을 확인할 수 있습니다. 그런데 문제는 한국과 일본은 코로나19 발생 초기에 국경을 차단해서 서로 굉장히 일국적인 시스템으로 대응을 해왔습니다. 그럼에도 불구하고 한국과 일본이 국제 비교 속에서 비슷한 모습을 보이는 것을 어떻게 설명이 가능한지, 한국과 일본의 의료 체계가 비슷한 건지 사회 구조가 비슷해서 그렇게 생기는 건지 의문이 듭니다. 아니면 저의 이러한 관점 자체가 좀 잘못된 것인지 이런 아주 소박한 비전문가로서의 의문이 생깁니다만 이런 것에 대해서도 두 분께서 혹시 지견이 있으시면 좀 나눠주시기 바라겠고요.

마지막으로 홍윤철 선생님께서 말씀하신 것처럼 한국과 일본이 오히려 이렇게 서로 협력을 해서 세계 인류 공통의 어떤 지혜로 제공할 수 있는 것이 있다고 생각하는데, 지금까지 발견되어 있는 것으로 구체적으로 어떤 것이 있었는지를 좀 드러내 주시면 고맙겠습니다. 그러면 먼저 야나기모토 선생님께서 지금까지 들어보시면서 느낀 것들이 있으신 부분을 좀 제시해 주시기 바랍니다. 부탁드리겠습니다.

야나기모토 신타로: 감사합니다. 우선 홍윤철 교수님 아주 좋은 말씀해 주셔서 감사드립니다. 앞으로 어떻게 의료 제도가 구축이 되어야 될지, 어떤 대응이 필요한지까지 이야기 전개를 해 주셔서 저희도 굉장히 많은 도움이 되었습니다.

지금 말씀해 주신 한국과 일본의 유사성 그리고 차이점과도 관련이 있을 수도 있겠는데요, 일본 같은 경우에는 국경을 폐쇄한 시기가 늦었습니다. 아마도 감염자가 상당히 많이 유입된 상황에서 3월 말에 감염 확대를 초래하고 말았기 때문이 아닌가 생각합니다. 그래서 한 번 감염이 확대가 돼버리면 아무래도 감지되지 않은 감염자가 사회 안에 이미 많이 존재를 하게 되고 그런 분들로부터 감염이 확대되면서 반복되는 그런 상황이 아닐까 생각합니다. 그렇기 때문에 싱가포르 같은 나라도 그렇겠지만, 원래 감염자 수를 어디까지 억제하느냐가 그 후의 확대에 커다란 영향을 준다고 생각을 합니다. 하지만 그런 가운데서 한국과 일본의 차이에 대해서 홍 교수님 말씀을 들으면서 제가 느낀 것은 한국의 테스팅, 트레이싱, 트리트먼트가 일본과 그렇게 다르지 않지만 실제 방법은 꽤 많이 다른 것으로 생각된다는 것입니다. 일본 같은 경우에는 PCR 검사를 할 수 있는 시설은 굉장히 많거든요. 실제로 PCR 검사를 할 수 있는 건수도 굉장히 높다고 할 수 있는데, 제도상의 문제로 검사를 한정된 수의 환자밖에 못 합니다. 그러다 보니까 이런 것들이 너무 경직적이지 않았나 개인적으로 생각합니다. 한국은 이 부분에 대해서는 어떤지 가르쳐 주셨으면 합니다. 그리고 또 트레이싱의 경우 일본은 행정기관인 보건소가 청취 조사를 해서 자기 신고에 따라서 관련성을 추적하는 형태를 취합니다. 이것은 이미 현재 감염자 수로는 실제로 거의 불가능하게 되었습니다. 그래서 굉장히 한정적으로 타겟을 포커싱해서 트레이싱을 하고 있습니다. 이 부분에 대해서 한국에서의 트레이싱에 관한 특별한 툴이라든지 실시를 하시는 데 있어서 행정력 같은 것을 어떻게 하고 계신지 궁금합니다. 일본 같은 경우에는 협조를 안 해주는 분들도 있고 그런 사람들에 대해서는 아무것도 못하거든요.

질문이 너무 많아서 죄송하지만, 굉장히 관심이 많이 가기 때문에 한 가지만 더 여쭤보겠습니다. 병원의 병상 수를 늘리는 부분, 여기에 대해서 굉장히 잘 대응을 하신 것 같은데, 일본 같은 경우에는 이것도 잘 안 됐습니다. 이 부분에 대해서 어떻게 한국은 그런 방식을 가지고 하셨는지 알려주시면 감사하겠습니다. 이상입니다.

남기정: 네, 감사합니다. 이 질문 포함해서 말씀해주시고요. 혹시 거꾸로 홍윤철 선생님께서 일본 쪽에 묻고 싶은 것, 또 제안하고 싶은 것들이 있으면 말씀해 주시기 바랍니다.

홍윤철: 제가 말씀드린 것처럼 사실 기본적으로 테스팅, 트레이싱, 트리티먼트의 전략은 아마 다 같을 거라고 생각됩니다만, 국민들이 그것을 얼마큼 이해하고 따라오고 또 행정적인 뒷받침이 되느냐 하는 것인데요. 말씀드린 것처럼 저희가 메르스라고 하는 사건을 몇 년 전에 겪으면서 국민들이 전염병에 대한 경각심을 굉장히 높은 수준에서 갖고 있었고 또 (지금은 질병청으로 승격한) 질병관리본부를 중심으로 전염병 대응 프로토콜을 이미 다 갖고 있었습니다. 예를 들면 환자가 발생했을 때 그 환자를 어느 병원에 초기에 입원시키고 또 어떤 절차로 검사하는지에 대한 프로토콜이 이미 다 있었고, 사실 그 것에 대한 예행연습도 1년에 네 차례 하고 있어서 준비가 어느 정도 되고 있었기 때문에 초기에 환자 발생이 아주 많이 발생하지 않은 상태를 유지했었습니다. 그래서 그런 것들이 현재까지 작동하지 않았나 이렇게 생각이 되고, 그런 면에서 국민들의 참여도 높아서, 예를 들

어서 저희가 보건소마다 또 병원마다 검사 시설을 쭉 갖추고 갔을 때 국민들은 사실 자발적인 참여를 상당히 잘 해주고 계십니다. 오히려 검사 시설을 굉장히 빨리 늘려 갔음에도 불구하고, 검사 시설이 초기에는 좀 부족할 정도로 국민들이 참여를 더 많이 한 것이고요.

그러면 여기에 행정적인 강제력은 어느 정도 되느냐. 특히 이제 트레이싱에 있어서 저희가 ICT 기술을 활용해서 환자의 위치 추적 또 환자와 접촉된 사람들의 추적을 다 합니다. 근데 어떻게 보면 국민의 사생활 침해라는 부분도 있을 수가 있습니다. 물론 이런 논의도 사실은 메르스 때 이미 사회적 논의를 상당히 거쳐서 어느 정도까지는 하자는 것이 이제 합의가 되었기 때문에 사회적 갈등을 줄이면서 충분히 트레이싱이 이루어질 수 있었다고 말씀드릴 수 있습니다.

병상 대응도 초기에 한 일주일 동안의 혼돈 시기가 좀 있었지만 그 다음부터 공공병원의 병상 동원을 했습니다. 그런데 공공병원의 병상은 조금 전에 말씀해 주신 것을 보면 일본은 거의 30%인데 사실 저희는 10%밖에 안 됩니다. 10%밖에 안 되지만 그 병상들을 충분히 잘 활용을 했고, 또 그중에 우리 서울대학교병원도 김연수 원장님을 중심으로 해서 협조도 상당히 했습니다. 그래서 초기부터 공공병원을 중심으로 병상 대응을 했는데, 그럼에도 불구하고 3차 대유행, 3차 피크가 있을 때는 그것으로도 부족했습니다. 그래서 수도권의 경우는 민간병원 병상도 병상 대비 1%는 코로나19 병상으로 활용해 달라고 해서 민간 병원의 협조를 얻은 결과, 3차 피크가 굉장히 큰 피크였음에도 불구하고 병상 대응을 비교적 성공적으로 할 수 있었고, 그래서 현재까지 병상의 여력은 상당히 있다고 생각합니다.

이상으로 제가 드릴 말씀은 모두 드렸고요. 저도 질문을 하나 드리면 사실 코로나만은 아니고 제가 발표 중에 노인 인구 문제, 그리고 이것과 관련돼서 새로운 의료 체계를 좀 만들어가야 되지 않겠느냐 하였습니다. 저희 한국 사회에서 노인이 늘어나면서 생긴 문제인데 일본은 사실 저희보다 10년 먼저 이 문제를 겪고 잘 대응해 오지 않았습니까. 일본은 제가 알기로는 65세 이상 인구가 25%를 넘는 것으로 알고 있는데요, 앞으로 일본은 미래에 전염병 또는 노인 문제를 해결할 수 있는 전략을 어떻게 갖고 계시는지 말씀을 듣고 싶습니다.

남기정: 네, 홍윤철 선생님의 질문이 있었습니다. 고령화 시대 의료 체계에 대한 질문이었는데요. 이것에 대한 대답

을 듣는 걸로 해서 세션1은 마치도록 하겠습니다. 야나기모토 선생님. 이 질문에 대한 답변 부탁드리겠습니다.

야나기모토 신타로: 홍윤철 선생님을 통해서 메르스 경험을 통해 한국이 이번 대응을 했다는 말씀을 들었는데요, 지금도 이 코로나19 경험을 통해서 다음에는 좀 더 좋은 대응을 할 수 있지 않을까라는 희망을 갖게 되었습니다. 말씀하신 대로 일본에서는 고령자가 늘어나고 있습니다. 장수를 하면 할수록 의료 비용도 늘어납니다. 의료인으로서는 의료 비용이 가장 큰 문제라고 할 수 있습니다. 따라서 이 부분을 어떻게 해결할 것인가는 아직 해답이 없는 상황입니다. 하지만 일본에서는 예전에는 의료와 개호(介護)라고 하는, 생활을 지원해주는 부분에 있어서의 경계가 명확하지 않았습니다. 그런데 지금은 이 경계를 명확하게 나누어서 의료 비용의 부담제도도 분류를 더 세부적으로 했습니다. 이렇게 함으로써 재정적으로 의료를 지속가능하게 할 수 있도록 하는 대응을 추진하고 있습니다. 그리고 가능한 한 고령자가 건강한 상태를 유지할 수 있도록 하는 제도들도 취하고 있습니다. 실효성 효과가 나타나기까지는 시간이 필요하지 않을까 생각합니다.

감염증과 관련해서 말씀을 드리자면, 일본은 아직까지 결핵이 많은 나라입니다. 연간 2백만 명 정도의 새로운 결핵 환자가 발생하고 있습니다. 뉴욕과 비교하면 아마 5배, 10배 정도 많은 것으로 알고 있습니다. 이런 상황이기 때문에 감염증이라고 하는 결핵에 대한 대응 측면에서는, 결핵은 고령자들이 발생하는 경우가 많기 때문에, 고령자 환자들을 집중적으로 치료하는 시설들이 전국에 어느 정도 배치가 되어 있습니다. 결핵은 공기 감염을 하는 병이기 때문에 감염 대책에 있어서는 여러 가지 준비가 필요하게 됩니다. 그래서 이런 시설들, 현재도 코로나19 대응에 동원이 되는 것이긴 하지만, 고령자에 대한 감염증 대책이 이런 측면에서도 응용이 될 것이라고 보고 있습니다. 제가 공부가 부족한 측면이 있겠지만, 고령자에 대한 대응이 감염증에 있어서 뚜렷하거나 명확하게 추진되고 있지는 않은 상황인 것 같습니다. 감사합니다.

남기정: 기조 강연 해주신 선생님들의 코멘트 있으면 부탁드립니다.

김연수: 저는 우리나라와 일본이 초기에 굉장히 대응도 잘하

고 지금도 잘하고 있는 중요한 이유가 크게 두 가지라고 생각합니다. 첫 번째로, 서구와는 달리 한국과 일본에는 보건소라는 조직이 꽤 유효하게 유지되고 있다는 것이 굉장히 중요한 요인이라고 생각하고 있고요, 두 번째로는 우리 국민들이 또는 시민들이 자기의 어떤 행동들을 제한하는 것이 우리 공동체에 중요하다는 것에 대한 인식이 서구인들에 비해서는 굉장히 강하다는 것입니다. 그러니까 전체적으로 한국과 일본이 서로 국경을 폐쇄하고 있지만, 국민들의 인식의 공통점이 중요하게 작용한 두 가지 요인이 이러한 비슷한 임상적인 결과 또는 비슷한 대응 체계를 유지하는 데 크게 기여했다고 저는 개인적으로 생각하고 있습니다.

남기정: 네, 감사합니다. 혹시 난가쿠 선생님 한두 마디 있으실까요.

난가쿠 마사오미: 감사합니다. 지금까지 의료 시스템이 약한 것은 시골 지역이어서, 해당 지역 쪽에 힘을 주력해 왔는데요. 이번 코로나19에서는 대도시에서 환자가 많이 발생했고 대도시에서 의료 자원이 가장 많이 고갈되었습니다. 비슷한 상황이 한국에서도 일어났다는 것을 말

씀해 주셔서 대단히 인상 깊게 들었습니다. 저희가 이러한 것에 입각을 해서 의료 자원 배분, 즉 어떤 부분에 의료를 강화해야 될지 같은 것을 정부 입장에서도 앞으로 재고해 가야 되지 않을까라는 것을 생각합니다. 제 코멘트는 이것으로 마치겠습니다.

남기정: 네 감사합니다. 시간이 거의 다 됐는데요. 마지막으로 질문이 하나 들어와 있습니다. 일본에서는 2020년 1월 누적 감염자 수가 7명이 된 날 코로나19, 결핵 등 2종 감염증의 지정감염증을 지정함으로써 '감염이 확인되면 원칙적으로 입원시킨다'라는 대응을 취했습니다. 그 결과 적극적으로 검사가 실시되지 않은 채로 그런 체계가 만들어진 것이 아닌가 하는 생각이 듭니다. 그 후로 후생성은 보건소에 대해서 유연하게 대응하도록 요청했음에도 불구하고 그러한 체계가 만들어지지 않는 것이 현실입니다. 이처럼 법 제도에 의해 강력히 규정되는 일본의 감염증 대응 시스템이 제대로 기능하기 위해서는 어떠한 대책이 필요한지 생각해 주셨으면 좋겠다는 질문이 있었습니다. 혹시 이에 대해서 지금 대응이 가능할지 모르겠습니다만, 야나기모토 선생님께서 혹시 대답이 있으실지 모르겠습니다.

야나기모토 신타로: 질문 주셔서 감사합니다. 굉장히 어려운 부분에 대해서 질문을 주신 것으로 생각이 되는데요. 지정감염증이 되고 나서 검사가 순조롭게 이루어지지 못한 부분에 대해서 나중에는 지적하신 것처럼 검사를 기피하는 움직임도 늘어났을 가능성은 있습니다. 하지만 초기에는 병에 대해서도 잘 모르는 상황에서 공포감, 걱정, 이런 것들이 굉장히 크다 보니까 오히려 대다수가 검사는 받고 싶은데 받지를 못하는 상황이었습니다. 일본의 각 현에 있는 위생 검사소에서만 검사를 하지 못하던 시기가 굉장히 길었거든요. 그러니까 검사를 받으러 가기가 어려웠다는 것이 실제 상황이었다고 생각이 됩니다. 안심하고 검사를 받을 수 있게 하는 것이 국가의 제도인 이상 환자분들이 안심하고 의료를 받고 그것이 불이익으로 취급받지 않는다는 것을 이해해 주실 필요가 있겠고 또 하나는 사회로부터의 차별 같은 것에 대해 여러분들이 얼마만큼 우려를 하고 계신지와도 관련이 있다고 생각합니다. 그래서 지금도 저희가 염두에 두면서 매일매일 대응을 하고 있는 상황입니다. 이상입니다.

남기정: 두 분 선생님 발제와 질의응답에서 매우 중요한 내용들을 얘기해 주셨습니다. 앞으로 한국과 일본이 서로

의식하면서 인류 사회에 내놓을 수 있는 그러한 지혜나 경험들이 있었을 것으로 생각이 되고요. 오늘 저희들한 테 중요한 문제를 던져주신 데 대해서 거듭 감사의 말씀 드립니다. 이것으로서 세션1을 마치도록 하겠습니다. 기조 강연 포함해서 네 분 선생님 거듭 감사 말씀드리고요. 바로 세션2로 들어가도록 하겠습니다.

세션 2
포스트 코로나
뉴 노멀과 AI시대

● **장병탁**, 포스트 코로나 시대 AI의 역할: 한국의 전망

● **스기야마 마사시**, 일본의 포스트 코로나 시대

　　　　기계학습의 연구

포스트 코로나 시대 AI의 역할 :
한국의 전망

장병탁

(서울대학교 AI연구원장)

남기정: 세션2는 포스트 코로나 뉴 노멀 시대와 뉴 노멀과 AI 시대라고 하는 주제로 두 분 선생님 모셨습니다. 먼저 장병탁 선생님, 그리고 두 번째로는 스기야마 마사시(杉山將) 선생님을 모셨습니다. 장병탁 선생님은 서울대학교 컴퓨터공학부를 졸업하시고 1992년에 독일 본 대학교에서 컴퓨터과학 박사 학위를 취득하셨습니다. 1997년 서울대 컴퓨터공학부 교수로 부임하셨고, 서울대 인지과학연구소 소장 등을 역임하신 후에 2019년 서울대 AI연구원장으로 임명되셨습니다. 주요 연구 분야는 인

공지능, 기계학습, 뇌·인지과학 등입니다. 먼저 장병탁 선생님의 발표를 듣고 스기야마 선생님의 발표를 듣도록 하겠습니다. 그럼 장병탁 선생님 부탁드리겠습니다.

장병탁: 네, 안녕하세요. 서울대학교 AI연구원 원장 장병탁입니다. 이런 좋은 자리에서 코로나19 대응에 관한 한일 대응책을 공부할 수 있고, 인공지능이 할 수 있는 역할에 대해서 논의해 볼 수 있는 기회를 갖게 되어서 감사하게 생각합니다. 특히 스기야마 교수님과는 평소에도 친분이 있는데, 이런 자리에 같이 초대받아서 감사드립니다. 사실 저는 아직 코로나19 문제 자체에 대해서 아주 깊이 있는 연구를 하고 있지는 않습니다. 다만 저희가 서울대학교병원하고도 협력을 하고 있고, 포스트 코로나 시대에 어떤 역할을 해야 되는지에 대한 책임감을 느끼고 있기 때문에 그런 방향에 대해서 한번 논의를 해보겠습니다.

먼저 전반적인 인공지능의 발전 추세를 한번 살펴보겠습니다. 최근 15년에서 20년 사이에 AI가 아주 빠르게 발전을 하고 있습니다. 최근의 사례를 몇 가지 들어보자면 이미 2005년에 네바다 사막에서 자율주행 자동차 대회가 열려서 132마일을 자율주행하는 일이 있었고, 이후 이러한 자율주행이 생각보다도 빨리 산업화가 진행되었습니다. 이는 과거의 인공지능 역사를 볼 때 상당히 이변적인 일이라고 볼 수 있는데요, 왜냐하면 보통 인공지능 산업화가 생각보다 오래 걸리는데, 최근의 추세를 보면 아주 빠른 속도로 산업화되는 경우가 발생하고 있기 때문입니다. 그 이유는 뒤에서 살펴보겠지만, 머신러닝이라고 하는, 기계가 데이터로부터 스스로 학습을 해서 사람이 가진 지식을 만들어내는 기술을 이용해 인공지능이 만들어지기 때문입니다. 즉 데이터가 많이 생기면 그것으로 인해서 기계가 점점 똑똑해지는 방식 때문이라고 할 수 있습니다. 코로나19 사태를 비롯한 의료 분야에 있어서도, 혹은 일상생활에서도 많은 데이터가 쌓이고 있는데 이를 활용해서 인공지능이 많은 분야에 활용될 수 있습니다.

그 다음을 보면 2011년 즈음에 대부분의 사람들이 스마트폰을 쓰게 됐는데, 그때 애플에서 시리(Siri)라는 인공지능이 나옴으로써, 비서 역할을 해서 사람이 원하는 명령을 수행해 주는 인공지능을 일반인들이 경험하기 시작했습니다. 그다음에 IBM이 만든 왓슨(Watson)을 보면 기계가 자연 언어를 어느 정도 인식해서 사람들의 질문에 대응해주는 일들이 벌써 2011년부터 일어나기 시작했습니다. 그리고 구글 무인차가 길에 등장한 것도 2011년 정도입니다. 그러다가 인공지능이 많이 알려진 것은, 특히 한국의 경우 바둑 대회에서 구글 딥마인드가 만든 알파고(AlphaGo)가 세계 챔피언을 이기면서입니다. 이 사건을 통해 인공지능의 발전을 모든 사람들이 경험하기 시작했고, 특히 모든 가정에 스마트 스피커 내지는 AI스피커 등이 등장하면서 점차 인공지능이 생활 속으로 들어오고 있습니다. 최근에는 사람처럼 글을 써 주는 인공지능 기술도 이미 활용되기 시작하고 있습니다. 그 외에도 많은 일들이 일어나는데, 그 중 한 가지로 AI가 사람 사진을 많이 모아서 학습을 한 다음에 가짜 사진을 합성해 내는 것을 들 수 있습니다.

다음으로 인공지능 학습에서 어떤 것이 이루어지는지를 잠깐 알아보기 위해서 실험을 한번 살펴보겠습니다. 핵심은 시행착오입니다. 예를 들어 인형이 걷는 것을 학습한다는 것은, 걷는 것을 해보고 넘어지면 또 일어나서 다른 시도를 하고, 그 새로운 시도가 더 좋으면 받아들이고 더 나쁘면 버리면서 계속 더 좋은 행동으로 진화하도록 학습을 해 나간다는 것입니다. 어떤 시스템이 되었든 경험을 쌓고 데이터를 모으고 그것을 축적해서 계속 성능을 개선하는 것이 새로운 학습 기반의 인공지능의 특징입니다. 이러한 인공지능의 특징을 이용해서 로봇을 만들려고 시도해볼 수 있습니다. 실제로 저희가 2019년에 도쿄에서 개최된 로봇대회에 나간 적이 있습니다. 아직은 연구 차원에서 일어나고 있습니다만, 바라건대 코로나19 시대에 도움이 될 수 있는 기술이 되면 합니다. 이런 인공지능 학습이 가능한 이유는 딥러닝이라는 신경망 기반의 기술 때문으로, 이를 머신 러닝이라고 합니다. 이 부분은 아마 후반부에 스기야마 교수님께서 좀 더 자세하게 머신 러닝에 대해서 많이 이야기를 해 주실 것으로 제가 기대하면서, 저는 지나가도록 하겠습니다. 기본 원리만 잠깐 말씀을 드리면, 사람의 뇌를 닮은 신경망 구조 형태를 취한 학습 모델이 학습을 하는 것입니다. 예를 들어 개와 고양이 사진을 보여 준다고 했을 때, (인공지능은) 이를 구별해내는 어떤 수학적인 함수를 신경망 모델을 통해서 학습해 나갑니다. 데이터를 많이 주면 특징들을 추출해서 강아지와 고양이를 구별하는 방법을 배워 나갑니다. 최근 이런 방식으로 인공지능이 다양한 자연의 사진들 안에서 어떤 물체를 인식해내는 성과를 거두었고, 바둑에도 이런 기술을 적용해서 사진에서 어떤 물체를 인식하듯이 바둑판에서 바둑의 패턴을 보고 어떤 수를 두는 것이 가장 이길 확률이 높은지를 학습을 통해서 찾아냅니다. 이에 따라 알파고가 세계 챔피언을 이기는 일까지 생겼고 음성 인식 같이 사람의 음성을 인식하는 기술에서도 브레이크스루(breakthrough)를 이루었습니다.

더군다나 기계 번역 같은 경우, 기계가 영어를 일본어로 번역한다든지 일본어를 한글로 번역하는 등의 부분에서도 상당한 기술 발전을 이루었습니다. 최근에는 사진과 글이 결합된 어떤 학습 데이터가 주어지면, 사람들이 사진을 글로 설명해 준 학습 데이터를 모아서 딥러닝으로 학습을 한 뒤, 나중에 사진이 주어졌을 때 사진에 대응되는 스토리를 기계가 생성하는 일들도 일부 일어납니다. 예를 들어 소프트뱅크 페퍼로봇은 만화영화를 미리 학습한 다음 사람이 만화영화에 대한 질문을 하면 대답을 해 줍니다. 병원이나 은행에서 사람들을 안내하는 경우에도 페퍼로봇 같은 것이 쓰이고는 합니다.

마찬가지로 이런 학습 기술이 최근 과학에서도 큰 성과를 이루었는데요. 단백질의 3차 구조를 예측하는 대회에서 인공지능이 우승을 했습니다. 과학에 있어서도 AI가 활용되고 있음을 알 수 있습니다. 더군다나 의료 쪽에서는 엑스레이 사진에 대해서 의사 선생님들이 소견서를 써놓은 것을 학습하면 나중에 엑스레이 사진을 보고 AI가 소견서에 해당하는 어떤 판단을 일부 해줄 수 있는 시스템도 등장하였습니다. 마찬가지로 심장박동에 대한 신호(ECG Signals)를 보고 심장 박동을 여섯 가지 타입으로 분류를 한다든지 하며, 뇌 신호(EEG Signals)에 대해서도 적용한 사례들이 있습니다.

최근 인공지능의 발전 추세에 따라서 포스트 코로나 시대에 인공지능이 어떤 역할을 할 수 있는지를 좀 더 살펴보겠습니다. 사실은 코로나가 시작된 이후 저희가 모든 건물에 들어가거나 할 때 얼굴 인식을 통해서, 혹은 열을 체크하면서, 이미 일상에서 인공지능의 도움을 받고 있습니다. 회의를 온라인으로 하게 된다든지, 교육과 쇼핑에서도 도움을 받습니다. 이것이 이제 뉴 노멀이 될 수도 있는데, 그렇게 된다면 인공지능이 점점 더 생활에 다가올 것 같습니다.

그래서 가상의 세계와 물리적인 실세계의 경계가 점차 불분명해지고 두 세계가 공존하는 시대가 되고 있고, 이는 다른 한편으로 보면 사람과 인공지능 기계가 공존하면서 서로 돕고 돕는 시대가 다가오고 있다고 볼 수 있습니다. 특히 앞에서 살펴본 인공지능처럼, 특히 사람의 말을 기계가 알아듣는다든지, 사람 대신 전화를 걸어서 미장원을 예약한다든지 이런 일들 같은 것들이 일부 일어나고 있습니다. 아마존 같으면, 경우에 따라서는 무인 샵을 만들어서 아무 물건이나 들고 나와도 인공지능이 어떤 물건인지 인식해서 계산을 해주는데요, 인공지능이 활용되거나 필요한 때가 훨씬 더 많아지고 있는 예 중의 하나입니다. 또 다른 예를 들어보자면, 2017년에 나고야에서 인공지능 로보컵 대회가 있었는데요. 이 역시 가정을 환경으로 꾸며놓은 상황에서 인공지능 로봇이 서비스를 하는 능력을 겨루는 대회입니다. 여기서는 자율주행을 통해 심사위원에게 가서 어떤 미션을 말로 받아서 이를 성공적으로 수행해야 하는 일이었습니다. 그 외에도 비대면 시대에 특히 소비 분야에서 인공지능이 많은 일들을 대신해주고 있고, 그 다음에 교육에 있어서 AI가 하는 역할이 훨씬 더 늘어날 수밖에 없을 것 같습니다. 당연히 헬스케어나 의료 쪽에 이런 일들이 많이 이미 일어나고 있고, 금융 분야도 사람 대신 챗봇이 금융 자산 관리를 도와주거나 아니면 투자를 도와주거나 신용 평가 같은 것을 도와주는 일들이 일어나고 있습니다.

이런 것들을 활용해서 특히 한국에서는 인공지능이 주변 환경을 인식하고 그에 대응하거나, 인공지능이 사람의 말을 알아듣고 혹은 시각적으로 환경을 이해해서 어떤 서비스를 자동으로 해주는, 이런 인지 시스템으로서의 인공지능에 관한 연구들이 많이 이루어지고 있습니다. 기술적으로 보자면 지금까지는 인공지능이 닫힌 세계에서만 주로 일을 했었는데, 지금 비대면 사회가 되면서 현실 세계에 있는 일들을 도와줘야 되는 상황이 많이 생겼고 실제로 인공지능은 열린 세계, 물리적인 세계에 나와서 사람을 대신하거나 도와서 많은 일들을 하는 기술로 발전을 하고 있습니다. 제 발표는 여기서 마치는 것으로 하겠습니다. 감사합니다.

일본의 포스트 코로나 시대
기계학습의 연구

스기야마 마사시

(RIKEN 혁신지능통합연구센터장,
도쿄대학 대학원 신영역창성과학연구과 복잡이공학전공 교수)

남기정: 두 번째 발표자 모시겠습니다. 스기야마 마사시 선
생님이십니다. RIKEN 혁신지능통합연구센터장을 맡고
계시고요. 도쿄대학 대학원 신영역창성과학연구과 복잡
이공학전공 교수이시기도 합니다. 도쿄공업대 공학부를
졸업하고, 2001년 같은 대학교에서 공학박사 학위를 취
득하셨습니다. 2001년 도쿄공업대에 부임한 후 2003년
부터는 정보이공학연구과에서 교수로 재직하고 계십니
다. 2016년부터는 RIKEN 혁신지능통합연구센터장을 겸

하고 있고, 일본학사원 학술장려상 및 일본학술진흥회
상을 2017년에 수상하셨습니다. 주된 연구 분야는 통계
적 기계학습, 데이터마이닝 등입니다. 그럼 스기야마 선
생님 부탁드리겠습니다.

스기야마 마사시: 네, 감사합니다. 방금 소개 받은 스기야마
입니다. 평소에 제가 존경하는 장병탁 원장님과 함께하
게 되어서 감사드립니다. 오늘 저는 일본의 포스트 코로
나 시대 기계학습의 연구에 대해서 15분 정도 말씀드리
겠습니다. 저는 소개해 주신 것처럼 도쿄대학과 RIKEN
에 있습니다. 2016년부터는 RIKEN에서 AIP(혁신지능통
합연구센터)라는 센터를 시작했습니다. 거기서는 머신
러닝을 중점적으로 연구하고 있습니다. 하지만 현재 머신
러닝 기술은 데이터 헝그리(data-hungry)라고 하는데요,
빅 데이터가 없으면 잘 하기가 어렵다는 문제가 있습니다.
그리고 블랙박스(black-box)라고도 하는데, 인터프리테이
션, 즉 해석이 어렵다는 문제가 있습니다.

지금 저희는 이런 머신 러닝의 한계를 극복하기 위해 새
로운 머신 러닝 이론(ML theory)을 개발하고 있습니다. 그
것을 사용해서 여러 가지 어플리케이션(ML application)
을 연구개발하고, 또 기계학습을 잘 사용할 수 있는 사회

시스템(ML society)을 만들고자 하고 있습니다. 이렇게 세 가지 측면을 저희 AIP센터에서 연구하고 있습니다.

오늘은 크게 세 가지를 말씀드리겠는데요. 우선 머신 러닝 어플리케이션(ML application)으로 저희가 무엇을 하고 있는지 말씀드리겠습니다. 좀 전에 장병탁 원장님께서 세계적인 성과를 많이 보여 주셔서 제가 굉장히 흥미롭게 봤는데, 저희는 일본의 상황에 근거한 응용 연구를 진행하고 있습니다. 오늘은 그런 연구의 내용을 소개해 드리고자 합니다. 먼저 전립선암에 관한 이야기입니다. 전립선암은 세계적으로 문제가 되고 있는데요. 일본에서도 국립 암 연구센터의 데이터에 따르면 남성 암 환자 중 10%가 전립선암을 앓고 있습니다. 그래서 이를 진단할 때 AI로 도움을 줄 수 있으면 좋겠다고 문외한의 입장에서 생각하고 있습니다. 이럴 경우 기계학습에서는 소위 말하는 감독 분류(supervised classification)의 작성을 통해 도움을 드릴 수 있다고 생각하는데요. 그렇게 하기 위해서는 병리 영상에 소위 학습데이터(training data)를 붙일 필요가 있습니다. 이 부분은 암, 이 부분은 정상, 이런 식의 라벨을 붙일 필요가 있습니다. 이를 위해서는 바쁘게 일하시는 의사 선생님들께 라벨을 붙여 달라고 부탁을 드려야 해서 대량의 데이터를 모으기가 쉽지 않은 것이 현재 상황입니다. 그래서 이런 상황에서 전혀 라벨을 붙이지 않는 무감독(unsupervised) 딥러닝을 활용해서 영상 진단을 하겠다는 도전을 하고 있습니다. 실제로 시도해 본 결과는 이렇습니다. 영상을 많이 모아서 그것을 작은 패치로 나누었습니다. 이것을 사용해서 무감독 딥러닝을 통해 특징 추출을 진행했습니다. 그리고 이 특징들을 통해서 영상에 암이 포함되어 있는지를 확인하는 시도를 해보았습니다. 그 때 어떠한 특징들이 얻어졌는지를 사람 차원에서 해석해 본 결과, 매우 흥미로운 결과를 얻을 수 있었습니다. 우선, 저도 전문가는 아니지만 이 분야에서는 글리슨 점수(gleason score)라는 특징량이 표준적으로 사용되고 있다고 들었는데요. 이 글리슨 점수를 자동적인 무감독 딥러닝을 통해 찾을 수 있었습니다. 그리고 이에 더해서 흥미롭고 새로운 특징들이 여러 개 발견되었는데요, 그 중에서도 특징적이었던 것이, 어떠한 세포가 암인지 아닌지를 구별할 경우 세포의 내부적인 특징뿐만 아니라 세포의 외부에 있는 간질이라고 불리는 부분의 특징도 실은 그 세포가 암인지 아닌지 판정할 때에 효과적이라는 사실이 무감독 학습을 통해 자동적으로 발견되었습니다. 이것이 실제로 유용한지를 확인하기 위해 인식 실험을 시도해 본 결과,

1년 후 예후에 대한 예측이기는 하지만, 의사 선생님이 영상을 보고 판단하면 정밀도가 0.744였는데, 저희가 새로 발견한 특징을 가미한 시스템을 사용하면 정밀도를 0.82까지 올릴 수 있습니다. 이에 더해 의사선생님과 저희 시스템이 함께 판단하게 되면 정밀도가 더욱 높아져서 0.842로 향상됩니다. 현재는 이 연구를 더욱 발전시켜서 일본에서는 왕성하게 연구가 진행되고 있는 iPS세포 연구나 백혈병, 그리고 또 다른 암 등에도 다양하게 적용시키고 있습니다.

〈그림 1〉 서일본 대지진 예상 진원 지역

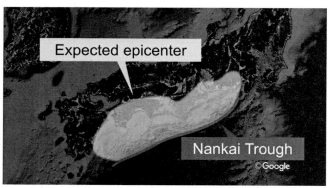

https://www.fnn.jp/articles/-/22389

두 번째는, 일본 고유라고 표현해도 될지는 잘 모르겠는데, 지진 이야기입니다. 일본에서는 지진이 자주 발생하는데 그 중에서도 난카이 해곡(Nankai Trough)이라고 불리는 장소에 주목하고 있습니다. 일본 지도를 보시면 남쪽 중앙부에 난카이 해곡이 있습니다. 이 노란색 부분(Expected epicenter)이 진원지가 되어서 가까운 미래에 강한 지진이 발생할 것이라는 이야기가 최근 수십 년 동안 계속 나오고 있습니다. 실제로 언제 발생할지에 대해서는, 지진 예측이라는 것이 점치는 것과 유사한 측면이 있다고 하는 사람들도 있기 때문에 과학적으로 연구하는 것이 어려울 수도 있는데, 지진의 리스크를 평가해 보자는 것은 지극히 중요한 과제로 일본에서 활발하게 연구되고 있습니다. 실제로 이 분야의 역사는 길고 저희도 지진을 전문적으로 연구하고 있는 전문가 선생님과 파트너십을 체결해서 연구하고 있는데, 이미 다양한 수학적 모델들이 개발되었습니다. 예컨대 오션 플레이트(ocean plate)나 랜드 사이드 플레이트(land side plate)의 움직임을 모델화시켜서 미분방정식을 만드는 등의 일을 하고 있고, 상당히 정밀도가 높은 모델이 개발되고 있습니다. 다만 한편으로 이것은 어디까지나 모델에 불과한데요, 이 안에 다양한 미지의 파라미터가 포함되어 있습니다. 접근하기 쉬운 것을 들어보자면 마찰계수가 있습니다. 두 개

플레이트가 닿는 부분의 마찰계수가 어떻게 되어 있는 지를 정밀하게 설정해야 하는데, 이를 적절하게 설정해 주면 상당히 잘 나오겠지만 이 부분의 튜닝이 매우 어렵습니다. 그러면 '학습을 하면 되지 않겠느냐'는 이야기가 되겠지만, 지진이라는 것은 자주 발생하는 것이 아니기 때문에 충분한 학습 데이터를 얻을 수 없습니다. 그래서 시뮬레이션을 이용한 기계학습이라는 개념을 제창하고 있습니다. 파라미터를 어느 정도 임의로 설정한 후 이에 기반해서 시뮬레이션을 하는데요, 인공 데이터를 많이 만든 다음 인공 데이터를 이용해서 기존의 파라미터에 대한 머신 러닝을 반복합니다. 이렇게 함으로써 파라미터를 점차적으로 개선시킬 수 있고 최종적으로 상당히 괜찮은 값을 찾게 됩니다. 이러한 작업은 지진 주기를 예측하는 실험을 했던 당시에 했는데, 기존 모델을 돌리면 예측의 오차가 110년 정도 나는데, 이에 대해 저희 방법을 사용하면 6.5년이라든지 11년이라든지 한 자리 작은 오차로 좁힐 수 있었습니다.

세 번째는 AI를 활용한 교육에 관한 이야기입니다. 올해부터 일본에서는 새로운 대학 입시 시험이 시작되었고 50만 명 이상의 학생들이 시험을 봤습니다. 예정대로라면 올해 시험에는 소논문 시험도 도입될 예정이었는데 코로나19 영향으로 연기되었습니다. 다만 이 소논문 시험이 조만간 도입될 예정이기 때문에 수험계(受驗界)가 크게 요동치고 있습니다. 이를 학생 입장에서 보면 어떻게 하면 좋은 소논문을 쓸 수 있는지에 대한 기술을 배우고 싶다는 요청이 있습니다. 한편 학원이나 학교 차원에서도 어떻게 좋은 소논문을 쓰게 하는 교육을 해야 할지가 문제가 되고 있습니다. 또한 저와 같은 대학교 교원도 채점할 필요가 있기 때문에 채점을 편하게 할 수 없는지, 이와 같은 세 가지 요청이 있습니다.

그래서 미래에는 자동으로 채점이 가능한 것을 만들고 싶다는 큰 목표를 가지고 있는데요. 현재로서는 짧은 문장에 대한 답의 평가를 자동으로 하는 시스템을 만들고 있습니다. 사실 인터랙티브 시스템은 이미 만들었는데요, 이 때 학생들이 쓴 내용을 실제로 선생님들이 채점한 것이 교사 데이터가 되는데, 엄청난 비용이 필요합니다. 그래서 준지도학습(semi-supervised learning)이나 자기학습이라고 하는, 데이터를 많이 이용하지 않아도 되는 기계학습의 최첨단 기술을 사용해서 적은 데이터로 학습할 수 있는 시스템을 만들었습니다. 더군다나 이러한 시험의 채점 등에는 설명가능성(explainability)이 매우 중요합니다. 저희 시스템은 어떤 사례를 바탕으로 판단을 내렸는지 자동으로 제시할 수 있기 때문에 설명 가능성도 어느 정도 담보하면서 시스템이 작동하고 있습니다. 이 시스템은 고작 200~400개 정도의 교사 데이터를 통해서만 학습하고 있는데, 그럼에도 불구하고 사람이 채점하는 것과 거의 동일한 수준의 퍼포먼스를 발휘하고 있다는 것을 실험을 통해 알 수 있었습니다.

다음으로는 사회적인 분야(ML Society)를 보겠습니다. AI가 세계에서 다양하게 활용되면서 최근 몇 년 동안 윤리적인 가이드라인이 매우 중요하다고 언급되고 있습니다. 저희도 이른 시기부터 이러한 활동을 펼쳤는데, 우선 일본에 있는 인공지능학회가 윤리에 관한 가이드라인을 2017년에 작성했고 저희도 그 구성원입니다. 또한 일본 국내에서는 총무성이 AI와 관련된 연구개발가이드라인을 작성했는데 여기에 구성원으로 참여했고, 그 결과가 2017년 OECD에 제안되었습니다. 또한 AI 활용(utilization) 가이드라인의 작성에도 참여했습니다. 또한 정부 내각부에서는 사람 중심의 AI 사회의 원리를 제창하고 있고, 이 작성에도 저희가 참여하고 있습니다. 이는 2019년 G20에도 제안되었습니다. 국제적으로는 미국의 IEEE라는 전기계열의 큰 규모의 학회가 있는데 「윤리를 고려한 설계(Ethically Aligned Design)」라는 가이드라인을 작성했고, 저희도 참여했습니다.

그리고 개인정보를 어떻게 공유하는가가 사회적으로 큰 이슈가 되고 있습니다. 최근에는 많이 바뀌었지만 미국의 경우 거대한 IT 기업들이 많은 데이터를 모으고 그것을 이용해서 서비스를 개선하고자 하고 있습니다. 한편 유럽에서는 GDPR(유럽연합 일반데이터 보호 규칙) 등을 도입해서 각 정부 간에서 잘 조율하면서 관리하고자 하는 모델이 제안되었습니다. 일본에서도 이에 대해서 논의하고 있는데 저희로서는 개인 기반의 시스템을 제안하고자 구체적인 개발과 보급 활동을 펼치고 있습니다. 데이터는 기본적으로 모두 스스로 관리하게 됩니다. 자신의 데이터를 암호화시켜서 표준적인 퍼블릭 클라우드에 업로드하면, 제3자가 데이터에 대한 접근을 요청했을 때에 스스로 접근에 대해 명시적으로 허가하는 시스템입니다. 퍼블릭 클라우드를 이용하기 때문에 확장성도 탁월하며 비용도 거의 들지 않습니다. 더군다나 데이터에 대한 접근성을 스스로 완전히 관리할 수 있어 대단히 뛰어난 모델이라 할 수 있습니다. 이번 연도에 이것을 실제로 시험하기 위해 사이타마 현에 위치한 한 고등학교와 대학의 수험 시스템을 연결하는 부분에 이 'Personal Life Repository'라는 시스템을 넣고 실증실험을 수행했습니다.

마지막으로 앞으로의 도전에 대해서 말씀드리겠습니다. 포스트 코로나 시대에 기계학습의 연구가 어떻게 진행될지에 대해서는 저희도 매일같이 논의하고 있습니다. 현재까지의 기계학습의 발전을 보면, 1990년경에 통계적 머신 러닝이라는 기술이 크게 발전했고, 이것이 닷컴 붐이나 2000년대 초반의 IT 기업들의 발전에 기여를 했습니다. 그리고 2010년대에는 신경에 관한 딥러닝이 크게 발전하면서 현재의 빅 데이터를 활용한 비즈니스나 과학연구가 가능해졌습니다. 최근에는 코로나19 때문에 세상이 많이 바뀌었습니다만, 그러면 2020년 이후 어떠한 연구가 중요성을 갖게 되는가를 생각할 때, 데이터를 수집하지 못하는 어려운 상황이 점차 증가할 것으로 보고 있습니다. 원래 빅 데이터를 수집할 때 사람을 쓰거나 센서를 활용하였지만, 포스트 코로나 시대에는 데이터를 적극적으로 수합하는 일이 좀처럼 어려워지거나 사람이 라벨을 붙이는 일이 어려워지는 경우도 나오기 시작했습니다. 그래서 약간 지나친 말일 수도 있는데 적은 데이터라도 활용할 수 있는 새로운 기계학습 기술을 만들어서 미래의 AI 사회를 이어나가자는 것이고, 이를 위한 기초연구에 주력하고 있습니다. 현재는 딥러닝이 활발하게 이용되고 있는데, 왜 고차원 데이터에서 잘 되는지, 학습하는 일은 쉬운 일이 아닌데 왜 그렇게 잘 되는지에 대해서는, 사실 수학적으로 아직 밝혀진 바가 없습니다. 이러한 딥러닝이 왜 잘 되는지에 대해 수리적으로 제대로 규명함과 동시에 현재의 딥러닝이 해결하지 못하는 어려운 문제에 대한 새로운 방법을 만들어보자는 관점에서 실은 많은 연구자들이 기초적 레이어로 돌아오고 있습니다. 그리고 거기서 새로운 성과를 도출하고자 활동하고 있습니다. 향후 이러한 차원에서 성과를 올리고 사회 응용에 이어가려고 하고 있습니다. 이상으로 발표를 마치겠습니다. 감사합니다.

세션 2

질의응답

남기정: 감사합니다. 앞서 의료 체계와 관련한 발표도 저에게는 어려운 이야기였는데, 이번엔 더 어려운 이야기였던 것 같습니다. 그럼에도 불구하고 저희들의 생활에 이미 깊숙이 들어와 있고 앞으로 우리 삶의 변화를 예측하게 해 줄 수 있는 그러한 주제여서 매우 흥미롭게 들었습니다. 두 분 선생님 발제에 감사드리고요. 어떻게 보면 서로 다른 사회적인 요구 속에서 조금씩 발전의 방향 등 조금씩 한국과 일본이 다른 모습을 보여주고 있는 것 같기도 합니다. AI 연구개발이 서로 다른 환경 속에서 이루어지고 있는데요. 그럼에도 불구하고 한일 관계 혹은 한일 협력의 첨단 같은 모습을 보여 주시는 것 같기도 합니다. 그래서 '이런 성과를 어떻게 공유하고 활용할 것인가'라는 것이 앞으로의 중요한 과제인 것 같은데

요. 포스트 코로나 시대를 이끌어 갈 한일의 AI 협력이라는 관점에서 서로에게 코멘트 또는 질문 드릴 수 있는 것들이 있으시면 해 주시면 고맙겠습니다.

장병탁: 스기야마 선생님의 발표 너무 잘 들었습니다. 일본에서 하시고 계신 좋은 연구들, 특히 사회적으로 중요한 문제들에 도전하는, 기술적인 문제를 해결하면서 실제 문제를 푸는 좋은 예들을 잘 보여주셔서 감사드립니다. 사실 저희도 비슷한 연구들이 있기는 한데 일반인들이 쉽게 이해할 수 있는 문제 위주로 말씀을 드렸습니다. 스기야마 선생님이나 저는 사실 머신 러닝 자체의 더욱 핵심적인 차원을 연구하는 연구자들인데, 실제로 문제를 푸는 데 있어서 특히 AIP연구센터는 코로나19 사태나 지진 문제를 다루실 때 다른 분야 연구자들과 소통하는 문제 등을 잘 하시고 있는 것으로 알고 있습니다. 좋은 비결이 있습니까? 즉 다른 분야의 연구자들과 소통해야 하는 문제를 도메인에서 풀려고 할 때 난점들을 잘 해결해 나가는 비결이 있는지, 한국에서는 잘 안 되고 있는 것 같기도 해서 제가 그런 것을 레슨 받았으면 해서 말씀드립니다.

남기정: 굉장히 중요한 질문인 것 같습니다. 스기야마 선생님, 답변하시면서 한 번 더 질문도 해주시면 좋겠습니다.

스기야마 마사시: 감사드립니다. 한국도 여러 많은 성과를 내고 계신 것으로 알고 있고, 또 선생님 말씀도 감명 깊게 들었습니다. 저희는 사회 응용을 중시하고 있는 측면이 있지요. 그 때 매칭이 매우 어렵다는 점은 저희가 다 공유하고 있을 것이라고 생각됩니다. 그런 상황에서 저희가 아주 운이 좋았다고 생각되는 것이 AIP센터가 초기 시점에서 기초연구를 비교적 폭넓게 할 수 있는 기회를 얻을 수 있었던 것입니다. 그러한 측면에서 기술적으로 다양한 배경을 가진 인재들을 모을 수 있었습니다. 응용 연구를 하는 분들과 논의할 때 어떤 기술이 유용할지는 어느 정도 미팅을 하지 않으면 잘 모르는 부분이 있고 혼자 가서 스스로 해결한다는 것이 어려운 상황이기 때문에, 열 명이 같이 가서 논의를 하면 그 중 한 명 정도는 해결할 수 있는 사람이 나오기도 합니다. 이 점에서 저희 입장에서는 초기부터 비교적 큰 규모로 시작할 수 있었다는 점이 매우 행운이었습니다. 그리고 단체로 여러 군데 다니면서 상담할 수 있었다는 점, '이 사람이면 이 문제를 해결할 수 있겠다', '또 다른 문제가 생기

면 또 다른 사람이 할 수 있겠다' 하는 식으로 누구 한 명이라도 대응할 수 있게 되었기 때문에 비교적 이른 단계에서 파트너십을 체결할 수 있었다는 것이 좋은 점이었다고 생각합니다.

그리고 장병탁 원장님 발표를 매우 흥미롭게 들었습니다. 원장님은 특히 로보틱스로 뛰어난 업적을 올리셨는데요, 저도 로봇에 대해 매우 흥미를 느끼고 있어서 계속 다루고 싶었던 분야였습니다. 코로나19 전후를 생각해 볼 때 로봇의 중요성은 사회적으로 더욱 고조될 수밖에 없습니다. 노동력을 보충한다는 측면도 있고 비접촉으로 사람과 로봇의 상호작용으로 해결해 나갈 일들이 증가할 것 같습니다. 사용자 측에서는 그러한데, 연구자 입장에서는 로봇의 학습도 실제로 접촉하거나 데이터를 모으거나 하는 경우가 많을 것 같은데요, 코로나19 시대가 되면서 로봇 연구 그 자체의 진행 방식이 변화를 맞이하게 될 것이라고 보시는지요?

장병탁: 사실 연구 차원에서 보면 코로나19 시대가 우리 인공지능, 특히 로봇 같은 체화된 인지(embodied cognition), 몸에서부터 발생되는 센서 데이터 등을 이용한 학습의 측면에서 오히려 연구가 가속화될 수 있는 좋은 기회이

기도 한 것 같습니다. 왜냐하면 예전에는 그런 데이터를 모으기 위해 일부러 실험을 설정해야 할 필요가 있었는데, 지금은 로봇을 설치하고 사람들이 쓰도록 하는 것이 오히려 필요해졌기 때문에 한편으로는 인공지능 기술이 발전할 수 있는 새로운 기회가 되기도 하기 때문입니다. 또 반대로 다시 그것을 필요로 하는 시대이기 때문에 (연구의) 필요성도 늘어났고요. 그런 면에서 보면 스기야마 선생님이 이야기하신 관점에서도 머신 러닝이 아직은 많은 데이터가 없는 스몰 데이터 상황에서, 실세계에서 학습을 하면서 새로운 알고리즘도 발전하고 또 그것을 활용할 수 있는 시대로 좀 더 다가갈 수 있는 기회가 된 것 같습니다.

남기정: 흥미로운 질의응답 감사드립니다. 세션2는 이것으로 마무리하고자 합니다. 부디 두 분 선생님들 앞으로도 서로 교류하시면서 한일의 새로운 협력 분야를 개척해 주셨으면 하는 일본 연구자로서의 희망도 있습니다. 두 분 선생님 수고하셨습니다. 감사드립니다.

세션 3
코로나19 방역과
공중위생

코로나19 방역과 공중위생

사회: 서동주

(서울대학교 일본연구소 교수)

서동주: 안녕하세요, 저는 이번 세션3과 세션4의 진행을 맡은 일본연구소의 서동주라고 합니다. 앞서 좋은 발표들을 들을 수 있었는데요. 발표를 듣고 있는 오늘 상황도 녹록지 않은 것 같습니다. 아시는 것처럼 한국과 일본은 좀처럼 코로나의 제3파에서 벗어나지 못하고 있고요. 제4파가 언제 올지 모른다는 우려 속에 있습니다. 그럼에도 불구하고, 앞서 발표에도 나왔습니다만, 세계적으로 봤을 때 한국과 일본은 도시 봉쇄와 의료 체계 붕괴 없이 코로나19 대응 성과를 내고 있는 몇 안 되는 국가로 손꼽을 수 있습니다. 그리고 흥미로운 점은 양국 간

의 대응방식이 대조적이라는 점입니다. 한국은 중앙정부의 역할이 좀 더 두드러지고 있고 강력한 환자 추적이라든지 선제적인 PCR 검사가 권장되는 방식이라면, 일본은 중앙정부보다는 지자체가 중심을 잡고 있고 선제적인 대응보다는 시민들의 협력을 강조하는 방식이 전개되고 있습니다.

코로나19 대응으로 구별되는 한국과 일본의 두 가지 성공모델은 앞으로 충분히 발전되고 검토될 여지가 있다고 생각합니다. 그런 점에서 양국의 경험을 공유하고 상대방의 성공요인을 검토하는 것이 절실히 요청된다고 할 수 있습니다. 하지만 현재 한국과 일본의 교류협력은 일종의 동결에 가까운 상태에 있습니다. 이럴 때일수록 민간교류 그리고 오늘의 학술회의와 같은 학술적 교류가 어느 때보다 중요한 의의를 갖는다고 생각합니다. 오늘 학술회의를 계기로 한일 간 교류협력이 활성화되기를 기대하며 서울대학교 일본연구소는 한국을 대표하는 일본 연구 기관으로서 사회적 책임과 국제적인 역할을 앞으로도 다해가고자 합니다. 그러면 이런 의미에서 열리고 있는 뜻깊은 학술회의의 다음 세션으로 들어가도록 하겠습니다. 세션3의 주제는 '코로나19 방역과 공중위생'입니다. 먼저 도미오 준(富尾淳) 교수님께서 발표를 해 주실 텐데요, 현재 도쿄대학 대학원 의학계 연구과에 재직하고 계십니다. 간단히 소개 올리면, 런던대학에서 공중위생학 석사를 하셨고, 이스턴 피에몬테 대학에서 재해의학 석사를, 도쿄대학에서 의학박사를 취득하셨습니다. 전공 분야는 공중위생학과 건강 위기 관리학이며 건강 위기 발생 시 리스크 커뮤니케이션이 주된 연구 분야입니다. 오늘 발표의 제목은 'COVID-19 공중위생 대응: 일본의 대처와 과제'입니다. 그러면 잘 부탁드리겠습니다.

COVID-19 공중위생 대응 :
일본의 대처와 과제

도미오 준

(도쿄대학 대학원 의학계연구과 공중위생학교실 강사)

도미오 준: 방금 소개를 받았는데요, 정말 감사합니다. 또 이런 기회를 주셔서 감사의 말씀 드리겠습니다. 세션1에서 야나기모토 선생님의 의료 체계에 관한 이야기가 있었는데요, 저는 그 이전 단계라고 할까요? 공중위생 대응과 관련해서 일본에서 지금까지 실시하였던 대처와 거기에서 나타난 과제에 대해서 말씀드리도록 하겠습니다. 먼저 공중위생 대응의 타임라인에 대해 설명드리겠습니다. 지금까지 소개해드린 것처럼 일본에서는 세 차례 대유행을 경험했고 앞으로 네 번째 유행이 찾아올 가능성

이 있겠습니다. 감염 확대 초기에는 최초 확진자가 2020년 1월 15일에 발견되었습니다. 그 이후에 크루즈 선 대응 등등이 있었는데요, 여러 가지 역학조사가 실시되거나 대책본부가 설치되기도 하였고, 초기 단계의 공중위생의 다양한 조치들이 취해졌습니다. 법 개정을 비롯해서 전국적으로 휴교 요청도 있었습니다. 그리고 도쿄 올림픽·패럴림픽의 1년 연기가 결정된 것도 1년 전인 2020년 3월경이 되겠습니다. 또 이즈음에 역학조사 등에서 밝혀진 식견을 바탕으로 해서 밀집·밀접·밀폐라는 '3밀' 회피라는 메시지도 나오게 되었습니다. 이렇게 유행이 안정화되면서 사회생활을 회복시키기 위해서 업종별 가이드라인을 책정하였습니다. 그리고 국내여행에 대한 지원이 이루어지면서 GO TO TRAVEL 캠페인도 시작이 되었습니다. 하지만 그동안 감염상황이 확대되었고 12월에는 GO TO TRAVEL 캠페인이 중단되었습니다. 또 국가 쪽에서도 전문가 등이 역학적인 지식을 바탕으로 다양한 리스크에 대해서 설명했었는데, 그럼에도 불구하고 클러스터가 발생하고 또 변이 바이러스가 발생을 하면서 2021년 1월 초부터 다시 지난 일요일(2021년 3월 21일)까지 긴급사태선언이 발동되었습니다. 그 이후에도 법률 개정이라든지, 또 의료관계자들을 대상으로 백신 접종이 시작된 상황이 되겠습니다. 여기까지 큰 흐름을 말씀드렸습니다.

다음으로 구체적 및 개별적인 대응을 살펴보도록 하겠습니다. 먼저, 공중위생대응의 근거가 되는 법적 틀입니다. 야나기모토 선생님의 말씀 중에 있었던 것처럼, '감염증법'과 '신형인플루엔자 등 대책특별조치법(이하 특조법)', 이 두 가지 법이 큰 골자가 됩니다. 이 외에 검역법, 예방접종법, 이러한 것들도 크게 관계하고 있습니다. 감염증법은 감염증 예방과 의료에 대해서 규정을 한 것으로, 감염증을 분류해서 입원이나 검사 등의 여러 가지 조치들에 대해서 규정하고 있는 것이고, 감시(Surveillance)와 적극적인 역학조사에 대해서도 규정이 되어 있습니다. 다음으로 특조법인데요. 국민의 생명과 생활을 지키는 것뿐만 아니라 국민의 경제생활을 강화하는 것도 하나의 목적이 되겠습니다. 이름대로 신종 인플루엔자를 염두에 둔 것인데, 이번 법 개정을 통해서 코로나에 대해서도 적용되게 되었습니다. 대책본부를 설치하고 방침을 세우고, 긴급사태 조치라든지 만연방지조치와 같은 각종 조치들을 규정하고 있습니다. 하지만 이러한 법률들은 지금까지 처벌 규정이 없었기 때문에 실효성에 대한 의문이 많이 제기되었는데요, 그런 점에서 2월 개정에서는 감염증법에 의해 적극적인 역학조사를 거부하는 경우에 행정 처벌 발효가 부가되었습니다. 그리고 특조법의 경우에도 휴업이나 단축영업 명령이 가능하게 되었고 이를 따르지 않을 경우에는 행정 처벌 대상이 됩니다. 하지만 이 사적권리 제한에 대해서는 한국법률은 대단히 엄격하다는 이야기를 들었는데 일본은 그렇게까지 강력한 상황은 아닙니다. 사적권리에 대한 제한을 강화하는 것이 좋겠는가 아닌가가 주요한 논점이 되고 있습니다.

다음은 법률을 바탕으로 대책을 취할 때 그 조직 체계, 국가와 도도부현 각 지자체[自治体]의 상황을 설명드리겠습니다. 먼저 특조법에 따라서 내각총리대신을 본부장으로 하는 대책본부가 정부에 설치되어 있고 이곳이 대응의 중심축이 됩니다. 또 후생노동성이 보건의료 쪽을 담당하고 있고 대책추진본부가 설치되어 있습니다. 여기에서 여러 가지 통지 등이 이루어지게 됩니다. 여기서 특징적인 부분은 전문가 의견을 반영한 것들이 많다는 것인데, 예를 들어, 유식자 회의에 대책분과회라는 곳이 마련되어 있고 경제와 감염증 전문가들이 국가에 대해서 전문적인 조언을 제공하거나, 또 후생노동성에서도 공중위생전문가가 자문위원회를 구성해서 전문적인 조언을 하고 있습니다. 이러한 정책을 실행하는 것은

101

도도부현 지자체가 되겠습니다. 앞서 설명드렸던 것처럼, 일본에서는 지자체, 특히 보건소가 중심이 되어서 정책을 실시하는 경우가 많습니다. 큰 도시, 보건소 설치시라든지 도쿄의 23개 특별구는 독자적으로 보건소를 설치하고 있습니다.[1) 그래서 국가와 직접 정보를 공유하는 것들도 많이 있습니다. 그래서 국가와 현, 지자체, 큰 도시 사이에서 정보의 차이가 발생한다는 것이 지금까지 문제가 되었습니다. 그래서 2월 법률 개정에서는 보건소 설치시·특별구에 대해서 도도부현에도 보고가 이루어지도록 개정이 이루어졌습니다. 그래서 이러한 부분에 대해서는 효과가 있을 것으로 예상이 되고 있습니다.

감염증을 파악하는데 있어서 감시(Surveillance)는 기본이 되는 것입니다. 신종 코로나는 이전에는 감염증법에 의해 지정감염증으로 규정되어 전수보고를 해야 하는 것이었지만, 지금은 신형 인플루엔자 등 감염증으로 분류가 되어 있어 전수보고를 해야 합니다. 그리고 무증상 등도 포함을 해서 보고를 해야 합니다. 일본의 감시 시스템(Surveillance System)은, 기본적으로는 진단한 의사

---

1) 도도부현 보건소 (355개), 보건소 설치시 보건소 (91개), 특별구 보건소 (23개)

가 발생 신고서(발생원)를 서면으로 작성해서 보건소에 팩스로 전송을 합니다. 그것을 보건소에서 입력해서 국가와 정보를 공유하게 됩니다. 사실 이것이 일반적으로는 잘 기능했었는데 이번 코로나처럼 갑자기 많은 수가 발생하게 되면 업무량이 대단히 막중해집니다. 그래서 보건소와 의료 기관의 부담이 증가하게 되었고요. 지금까지도 이와 같이 전수보고를 해야 하는 감염증이 많이 있었는데, 예를 들어 결핵 같은 경우 연간 2만 건이었습니다. 그런데 코로나는 연간 40만 건 정도 발생을 했기 때문에 업무량이 상당히 늘어난 것으로 보입니다. 다른 이야기이긴 합니다만 감시(Surveillance)에도 특수한 것들이 있습니다. '의심 증상 감시'라고 하는 것이 최근에 일본에 도입되었습니다. 이것은 원인불명의 중증감염증을 조기에 파악하는 것을 목적으로 하는 것입니다. 이와 같은 틀을 만들면서 일본 내 첫 번째 확진자는 이 의심 증상 감시 시스템으로 파악을 하였습니다. 많이 알려지지는 않았지만 저는 이것이 조기발견에 굉장히 유용했다고 보고 있습니다. 그러나 서면으로 정보를 공유하는 것에는 한계가 있기 때문에 5월부터 HER-SYS라고 하는 온라인 시스템도 도입되었습니다. 처음에 여러 가지 문제도 있었는데요, 현재는 전국적으로 도입이 되어 있고 의료 기관

및 보건소 등에서 입력이 가능하게 되었습니다. 또 자택 요양 중인 환자들도 자신의 증상을 입력할 수 있습니다. 정보입력이나 정보공유가 원활해지면서 입원 조정을 신속하게 하고, 또 클러스터 대책의 효율성도 높일 수 있게 되었습니다.

이어서 검사 체계입니다. 앞서 말씀드렸습니다만 검사 역량 문제가 있었습니다. 그 이유는 검사할 수 있는 시설이 제한적이었기 때문입니다. 그리고 검사하기까지의 기준, 환자의 진단기준도 대단히 엄격했습니다. 그래서 검사를 받기 어려웠던 측면이 있었습니다. 그리고 검사 장소나 검체를 채취하는 의료종사자를 충분히 확보하지 못했다는 점도 이유였습니다. 이러한 반성에 따라서 서서히 검사 대상이 확대되었습니다. 검사 기관을 늘리거나 의사의 판단으로 검사를 할 수 있도록 한 것입니다. 또 타액이나 비강 등 보다 안전한 검체 채취가 가능해지면서 의료 기관에서도 검사를 비교적 용이하게 할 수 있게 되었습니다. 수는 늘어나고 있지만 한국의 수에는 아직까지 많이 미치지 못하고 있는 것 같습니다. 또 시설 등에서의 일제 정기적인 검사가 폭넓게 이루어지지는 않고 않습니다. 그래서 계속해서 검사 체계를 확충해 나가야 할 필요가 있다고 보입니다.

다음은 적극적 역학조사(클러스터 대책)인데요, 사회적으로도 많이 화제가 된 것이었습니다. 이것은 일본에서는 '역추적 조사(さかのぼり調査)'라고 하여 초기부터 이루어졌습니다. 일반적으로는 환자를 더 선제적으로 따라가면서 감염예상자들을 파악해 나가는데, 일본에서는 역추적이라고 해서 선제적 조사와 함께 환자의 과거 행동이력과 동선을 파악함으로써 그 배후에 있는 숨겨진 클러스터를 발견해서 거기에서 또 환자의 밀접 접촉자를 파악하게 됩니다. 처음에는 이러한 방법이 비교적 효과를 거두었는데요, (점점) 많은 자원이 필요하게 되고 또 감염이 확대가 되었을 경우 이러한 방법을 사용하기 어려운 측면도 있습니다. 그래서 이 방법만으로는 모든 감염 확대를 막는 것은 어렵다고 생각합니다.

그리고 만연방지를 위한 정보제공도 이번에 중요한 포인트가 되겠습니다. 처음부터 클러스터 대책 등의 결과를 통해서 감염위험이 높은 상황 등을 알 수 있었기 때문에 조기에 3밀을 피하자는 메시지가 정부 전문가 회의에서 나오게 되었고요, 또 알기 쉬운 메시지로 일본 국민 대부분이 이 내용을 이해하고 있는 것으로 알고 있습니다. 그리고 WHO도 3C[2]라고 해서 이러한 것들을 알리고 있습니다. 또 가을에는 감염 리스크가 높은 다섯 가지 경우3)라는 새로운 메시지를 내놓기도 하였습니다. 최근에 감염 확대가 장기화되는 상황에서 이 메시지가 정부나 전문가가 생각하는 만큼 그렇게 많이 받아들여지고 있지는 않는 것 같습니다. 앞으로 장기화되는 상황에서 어떻게 행동 변화를 이끌어낼 것인가, 또 그러한 메시지를 내놓을 수 있을 것인가가 중요한 과제가 되겠습니다.

마지막으로 보건의료 종사자의 확보입니다. 앞서 말씀드렸듯이 보건소의 업무가 굉장히 과중합니다. 최근의 보건소는 감소세를 보이고 있습니다. 원래 인원부족 상태였고, 거기다 업무가 급증하면서 상당히 한계에 다다른 상황입니다. 후생노동성에서 내놓은 사무연락의 발생 건수를 월별로 정리한 것을 보면, 코로나에 관한 것만으로도 한 달에 100건 이상의 사무연락이 지자체나 의료 기관에서 발생하고 있어서 여기에 대한 대응은 대단히 큰 업무량 증가로 이어질 수 있는 것입니다. 또 재해 상황에서는 피해를 입은 지자체에 그렇지 않은 지자

---

2) Crowded Places, Close-contact Settings, Confined and Enclosed Spaces
3) ① 음주를 동반한 간친회 등 ② 다인원이나 장시간에 걸친 음주 및 식사 ③ 마스크 없는 대화 ④ 좁은 공간에서의 공동생활 ⑤ 장소를 옮기는 것

체로부터 보건사 등을 파견할 수 있는데, 감염증 상황이고 또 전국 각지의 보건소가 대단히 힘든 상황에 처해있기 때문에 외부에서의 지원도 확보하기가 어려운 상황입니다. IHEAT라는, 감염증을 전문으로 하는 보건사 혹은 저도 포함하여 대학의 교원 등의 인재들을 필요한 곳에 파견하는 체계도 마련이 되고 있어 앞으로의 효과가 기대됩니다.

마지막으로 정리하자면, COVID-19에 대해서 일본에서 다양한 조치, 또 법적 개정을 포함해서 다양한 방안들이 강구되었습니다. 대책은 앞으로도 이어질 것이고요, 앞으로 백신을 포함해서 계속적으로 평가를 하고 또 계획을 실천해 나가는 프로세스들을 기능해 나가게 하는 것이 중요하겠습니다. 이번에 이렇게 말씀드릴 기회를 얻었는데 한일 양국의 노력(이 필요하고), 한국에서 배워야 할 부분도 많이 있을 것 같습니다. 그러한 것들을 상호 평가함으로써 포스트 코로나에 있어서도 공중위생에 대한 대응 능력을 더욱더 향상시켜 나갈 수 있으리라고 기대합니다. 경청해 주셔서 감사합니다.

서동주: 도미오 준 교수님 감사드립니다. 일본의 코로나19 대응의 전반적인 흐름을 잘 알 수 있는 발표였던 것 같

고요, 그간에 전개되었던 체계라든지 방식, 그리고 상황의 변화에 따라서 지금 어떠한 것들이 쟁점이 되고 있는지 잘 짚어 주신 것 같습니다.

Excess and deficit in total deaths from COVID-19 in South Korea

백도명

(서울대학교 보건대학원 교수)

박혜민, 조경이

(서울대학교 보건대학원 연구원)

서동주: 두 번째 발표로 넘어가겠습니다. 이번에는 한국 상황을 중심으로 발표가 이루어질 것 같은데요. 두 번째 발표는 서울대학교 보건대학원의 백도명 교수님께서 해 주시겠습니다. 백도명 교수님은 서울대학교 의과대학을 졸업하고 하버드 대학 보건대학에서 이학 박사 학위를 취득하셨습니다. 한국산업안전공단을 거쳐 1992년 서울대 보건대학원 교수로 부임하셨고 이후 WHO 국제보건기구 자문위원진, 노동환경건강연구소장, 서울대학교 보

건대학원장 등을 역임하셨습니다. 직업성 및 환경성 질환, 호흡생리 및 천식, 직업안전 보건관리가 주요 연구 분야입니다. 오늘 발표의 제목은 "Excess and deficit in total deaths from COVID-19 in South Korea"이고요, 굉장히 유익한 내용들이 많이 있을 것 같습니다. 그럼 발표 부탁드리겠습니다.

백도명: 소개받은 서울대 보건대학원의 백도명입니다. 우선은 이런 자리를 마련해 주셔서 감사드립니다. 또 지금 일본 측 도미오 준 선생님을 비롯해서 발표자분들의 정보가 상당히 도움이 되었다고 우선 말씀을 드리겠습니다. 한국이 코로나19에 대해 나름대로 선방을 했다는 평가가 있지만, 저희는 좀 더 비판적인 시각에서 저희 한국에서의 코로나19 대응이 어땠는지를 돌아보고자 했습니다. 그래서 초과 사망이 한국에 있었는지, 있다면 어디에 언제 어떻게 있었는지 하는 것들을 봄으로써 한국에서의 대응을 전반적으로 평가하고자 했습니다. 나름대로 적절하게 대응했던 면도 있었고, 일본과 비교했을 때 차이점들도 있는데, 이것은 나중에 저희들이 토론을 하면서 다시 한번 말씀드리도록 하겠습니다. 이 자료를 모으고 분석을 해 주신 저희 연구실의 박혜민 선생님께

서 이어서 말씀드리도록 하겠습니다.

박혜민: 네, 안녕하세요. 교수님께서 소개해 주신 것처럼 오늘은 한국의 총 사망자 수의 초과사망의 측면에서 코로나19 대응과 시사점을 살펴보고자 합니다. 해당 연구는 백도명 교수님과 조경이 선생님과 함께 진행하였고, 오늘 논의드릴 내용은 저희가 연구를 하면서 함께 논의한 내용을 바탕으로 말씀드리도록 하겠습니다.

우선 한국의 상황에 대해서 설명을 드리자면, 현재 세 번째 유행을 경험하고 있고, 2020년 11월부터 현재(2021년 3월 25일)까지 진행 중에 있습니다(〈그림 1〉). 2020년 1월 20일, 첫 번째 확진자가 발생함에 따라 위기 경보 단계가 '관심'에서 '주의'로 격상하였고, 2월 23일에는 '심각' 단계로 격상되면서 범정부적 대응을 실시하고 중앙재난안전대책본부를 운영해 왔습니다. 따라서 저희는 첫 번째와 두 번째 피크를 포함하고 있는 총 43주차까지를 연구 기간으로 설정하고 세 부분으로 나누어서 시기별로 초과사망자를 확인해 보고자 하였습니다. 첫 번째 시기인 Period 1(4th - 16th week, 2020) 같은 경우에는 대구와 경북 지역에 확진자가 집중되어 있던 시기로, 대구의 경우 인구 10만 명당 280.7명 정도의 기간별 확진자 발생률을 확인할 수 있었습니다. 두 번째 시기인 Period 2(17th- 30th week, 2020) 같은 경우는 상대적으로 안정되었던 시기 이고, 세 번째 시기인 Period 3(31st- 43rd week, 2020)의 경우에는 두 번째 피크가 있었던 시기로, 수도권을 중심 으로 전국적으로 확진자가 발생되었습니다. 이후 필요한 경우, 국내 지역을 수도권과 비수도권 지역으로 나누어 분석한 설명도 해드릴 수 있도록 하겠습니다.

〈그림 1〉 2020년의 주차별 연구 기간에 따른
코로나19 확진자 수

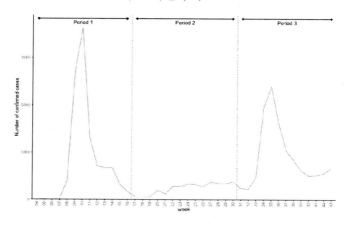

방역 지침은 감염재생산지수를 줄이는 것을 목표로 합 니다. 이는 감염성(infectivity)을 줄임으로써 행해질 수

있습니다. 비말을 많이 발생시키는 활동 또는 이를 제거하기 위한 환기, 그리고 밀집도 등이 감염성과 관계되는 요소이고, 사회적 거리두기에 따라서 대응 지침이 마련될 수 있습니다. 기간(Duration)의 경우는 확진자가 발생했을 때 다른 사람들에게 감염시키는 기간을 줄이는 것을 의미하는데요, 일단 무증상 감염자나 아니면 경증 환자를 관리하는 것이 여기에 해당합니다. 특히 Period 1에서 대구·경북 지역에 확진자가 집중되어 있던 시기에는 자동차 이동형 선별진료소나 휴대폰 위치 추적을 통해서 접촉자를 찾아내며, 확진자를 빠르게 확인할 수 있도록 하였습니다. 또한 중증도 분류를 통해 경증 환자들은 기존의 시설을 활용한 생활치료센터에서 치료를 받을 수 있도록 하였고, 중증 환자는 음압병실에서 치료를 받을 수 있도록 하였습니다.

조금 전에 설명드린 것처럼 감염성(infectivity)을 낮출 수 있는 방법으로 사회적 거리두기가 지금까지 진행되어왔고, 그 의미는 계속해서 변해 왔습니다. 특히 대구·경북 지역에 확진자가 집중되어 있던 시기에는 강화된 사회적 거리두기를 통해서 대응을 하였고, 2020년 7월 초부터는 이제 지역 내에서 관할별로 상황에 따라서 유연하게 사회적 거리두기 단계를 조정할 수 있도록 하였습니다. 이러한 사회적 거리두기에서는 마스크 착용을 비롯한 시민들의 협력이 중요해지는데요, 이는 서로 간에 신뢰가 있어야 가능한 것이었습니다. 이뿐만 아니라 사회적 거리두기로 인해서 많은 취약 계층에서 피해가 발생하기도 하였는데요, 이러한 피해가 특정 계층에 몰리지 않았는지 코로나가 지속되는 상황에서 검토해 볼 수 있어야 한다고 생각합니다.

앞서 말씀드린 것처럼, 팬데믹에서 정부 차원의 대응과 개인 차원의 방역 참여가 이루어져 왔고, 코로나19 이후에 변화된 여러 요인들이 우리 사회에서 다양한 모습으로 영향을 끼쳤습니다. 초과 사망(Excess deaths)이란 기존에 있었던 사망자 수의 추세를 예측해서 특정 시기에 관찰되는 사망자 수와 비교를 하는 것으로, 코로나19 이후에 한국의 사망자 수에 어떠한 변화가 있었는지 살펴봄으로써 방역의 역량을 조금 더 포괄적으로 살펴볼 수 있습니다. 특히 초과 사망에 있어서는 코로나19로 인한 직접적인 사망도 있을 수 있지만 그렇지 않은 원인들로 인한 간접적인 영향이 있을 수도 있습니다. 기존의 사망자 수를 미리 예측해 보기 위해서 저희는 2015-2019년 데이터를 이용해서 성별, 연령별, 지역별로 나누어서 기저 값을 예측한 뒤, 모델의 타당도를 검정하였습니다.

이후에 예측된 주차별 2020년도 사망자 수는 실제 관측된 사망자 수와 비교해서 초과 사망률(Percent Excess Deaths)을 산출하여 비교해 보았습니다.

다음은 확진자 수와 사망자 수에 관한 그래프이고, 수도권과 비수도권으로 나누어본 것입니다(〈그림 2〉). 조금 전에 말씀드린 것처럼 비수도권, 특히 대구·경북 지역에 첫 번째 시기(Period 1)에 집중되어 있었던 시기와 세 번째 시기(Period 3)인 두 번째 유행에서는 수도권을 중심으로 전국적으로 확진자가 발생했습니다. 특히 유행 곡선의 정점에 있어서는 확진자와 사망자 수의 지연이 3주 정도로 보이는 반면, 유행 곡선이 낮을 때에는 그 차이가 수도권에서는 확연히 나지 않고, 비수도권에서는 조금 더 지연이 있는 것으로 확인됩니다.

다음은 조금 전에 설명드린 모델로 초과 사망 비율에 대해서 결과를 확인해 본 것에 관해 말씀드리겠습니다. 앞서 설명드린 바와 같이 Period 1에서 대구·경북 지역의 확진자가 많이 발생을 했을 때, 대구에는 7.6%로, 경북 지역에는 2.8%의 초과 사망이 확인되었습니다. 다른 지역을 보았을 때는 대부분 기존의 예측보다 적은 사망자 수가 확인되었고, Period 2에 있어서는 상대적으로 안정되어 있던 시기였기 때문에, 울산과 전라남도를 제외한 지역에서 대부분 예측보다 적은 실제 값이 확인되었습니다. Period 3 같은 경우는 전국적으로 초과사망이 확인되어 있지만, 신뢰구간을 확인해 보았을 때는 이것이 유의미하지 않았습니다.

〈그림 2〉 수도권 및 비수도권의 주차별
코로나19 확진자 및 사망자 수

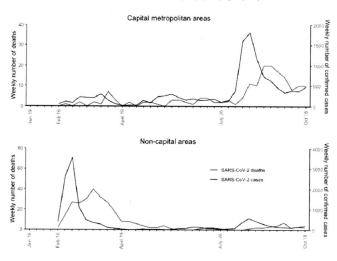

다음 그래프는 예측된 사망자 수와 실제 관측된 사망자 수를 대구와 한국을 중심으로 나타내 본 그래프입니다 (〈그림 3〉). 앞서 말씀드린 것과 같이 대구 지역에서

7.6% 정도의 초과 사망이 확인되었고, 특히 이 시기에 있어서 58%는 코로나로 인한 사망이었지만 42%는 다른 원인으로 인한 사망이 확인되었습니다. 다른 문헌들을 참고해 보았을 때, 코로나로 인한 사망이 아닌 경우에는 의료 시설 이용의 기피, 코로나19에 집중된 의료 서비스, 사회적 경제적 피해로 인한 심리적인 스트레스, 자살, 약물 남용 등의 문제로 인해서 초과 사망이 발생함을 확인하였고, 또한 사회 경제적으로 취약한 계층에서 초과 사망이 더 많이 나타나는 것을 확인할 수 있었습니다.

〈그림 3〉 한국 전체와 대구의 전체 사망자 수의
예측값과 실제 관찰된 사망자 수

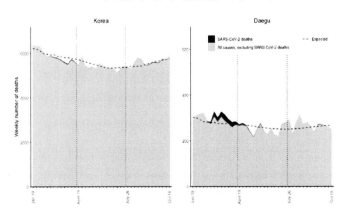

수도권과 비수도권의 각 구간별 확진자 발생률에 따라서 초과 사망률이 어떻게 변하는지 살펴보면, 전반적으로 구간별 확진자 발생률이 증가함에 따라서 초과사망률도 증가하는 것을 확인할 수 있었으나, 그 양상은 서로 달랐습니다. 조금 더 자세히 살펴보면, 수도권의 경우에는 확진자 발생률이 인구 10만 명당 30명 이하로 발생했을 때, 대부분 예측보다 낮은 사망자 수를 경험하는 반면에, 비수도권 지역에 있어서는 확진자 발생률이 인구 10만 명당 5명 이상이 되어도 초과 사망을 경험하는 것을 확인할 수 있었습니다. 이러한 양상은 수도권에 의료 시설 및 자원이 집중되어 있는 것으로 설명이 가능하다고 생각합니다. 비슷한 양상으로 코로나19 발생 초기에 이탈리아 북부 지역에서도 인접 지역의 의료 시설의 차이에 따라서 초과 사망이 다르게 나타나는 것을 확인할 수 있었고, 브라질 역시 의료자원과 사회경제적 구조의 지역적 차이에 의해서 초과 사망의 정도가 지역별로 또 다르게 나타나는 것을 확인할 수 있었습니다.

다른 국가들의 코로나19 기간 중의 초과사망의 양상에 대해 정리해서 살펴보면, 전반적으로 초과사망과 그렇지 않은 경우로 나누어 볼 수는 없었지만, 대부분 유행 곡선의 피크를 경험하고 있었을 때는 초과사망이 확인됩니다. 하지만 독일이나 일본 그리고 우한 지역을 제외한 중국 같은 경우는 기존의 예측보다 적은 사망자 수를 경험하고 있는 것이 확인이 되었고, 이는 기존 국가의 의료 체계 그리고 문화뿐만 아니라 코로나19 대응으로 인한 영향으로 볼 수 있습니다.[4)

또한, 팬데믹 상황에서 초과 사망이 어떻게 발생할 수 있는지에 대한 인과경로에 대해서 살펴보았습니다(〈그림 4〉). 우선 이미 설명드린 것처럼 국가마다 서로 다른 의료 체계와 대응 지침으로 팬데믹 양상이 달라지게 되어 있고, 이에 따라 기존에 있는 구조적 문제[5) 그러니까 공동체, 주거, 직업, 오염, 장애 등의 문제가 조금 더 드

4) Stang A, Standl F, Kowall B, Brune B, Böttcher J, Brinkmann M, et al. Excess mortality due to COVID-19 in Germany. J Infect. 2020;81(5):797-801; Yorifuji T, Matsumoto N, Takao S. Excess All-Cause Mortality During the COVID-19 Outbreak in Japan. J Epidemiol. 2021;31(1):90-2; Liu J, Zhang L, Yan Y, Zhou Y, Yin P, Qi J, et al. Excess mortality in Wuhan city and other parts of China during the three months of the covid-19 outbreak: findings from nationwide mortality registries. BMJ. 2021;372:n415.

5) Burki T. England and Wales see 20 000 excess deaths in care homes. Lancet. 2020;395(10237):1602; Mannucci E, Nreu B, Monami M. Factors associated with increased all-cause mortality during the COVID-19 pandemic in Italy. Int J Infect Dis. 2020;98:121-4; Ballotari P, Guarda L, Giacomazzi E, Ceruti A, Gatti L, Ricci P. [Excess mortality risk in nursing care homes before and during the COVID-19 outbreak in Mantua and Cremona provinces (Lombardy Region, Northern Italy)]. Epidemiol Prev. 2020;44(5-6 Suppl 2):282-7.

러났습니다.[6] 또한 이로 인해 같은 상황이더라도 특정 집단이 위험에 노출되는 정도가 달라지게 됩니다. 또한 코로나19로 인해서 의료 시스템의 마비가 발생하면서, 사람들의 의료 시스템을 찾는 것에 관한 기피 등의 행동 변화를 확인할 수 있었습니다.[7] 특히 사회적 거리두기로 인해서 서로 다른 영향을 받는 것도 확인할 수 있었는데요, 기존의 돌봄이나 교육이 필요한 경우 또는 구직을 하는 경우 사회적 거리두기로 인해서 큰 영향을 받을 수 있었고, 이로 인해서 간접적인(Indirect) 영향으로 실

---

6) de Lusignan S, Joy M, Oke J, McGagh D, Nicholson B, Sheppard J, et al. Disparities in the excess risk of mortality in the first wave of COVID-19: Cross sectional study of the English sentinel network. J Infect. 2020;81(5):785-92; Do DP, Frank R. Unequal burdens: assessing the determinants of elevated COVID-19 case and death rates in New York City's racial/ethnic minority neighbourhoods. J Epidemiol Community Health. 2020; de Angelis E, Renzetti S, Volta M, Donato F, Calza S, Placidi D, et al. COVID-19 incidence and mortality in Lombardy, Italy: an ecological study on the role of air pollution, meteorological factors, demographic and socioeconomic variables. Environ Res. 2021;195:110777; Cuypers M, Schalk BWM, Koks-Leensen MCJ, Nägele ME, Bakker-van Gijssel EJ, Naaldenberg J, et al. Mortality of people with intellectual disabilities during the 2017/2018 influenza epidemic in the Netherlands: potential implications for the COVID-19 pandemic. J Intellect Disabil Res. 2020;64(7):482-8.

7) Czeisler M, Marynak K, Clarke KEN, Salah Z, Shakya I, Thierry JM, et al. Delay or Avoidance of Medical Care Because of COVID-19-Related Concerns - United States, June 2020. MMWR Morb Mortal Wkly Rep. 2020;69(36):1250-7.

업이나 기존 네트워크 유지 등 여러 문제를 겪으면서 자살, 가정폭력 등이 증가하고 있음을 확인하였습니다.[8] 그래서 이러한 요소들이 기존에 잘 알려져 있는 코로나로 인한 직접적인 경로(Direct pathway)와 함께 기존의 전체 사망에 영향을 주는 것으로 보입니다.

〈그림 4〉 팬데믹 기관의 초과사망에 관한
인과경로 모식도

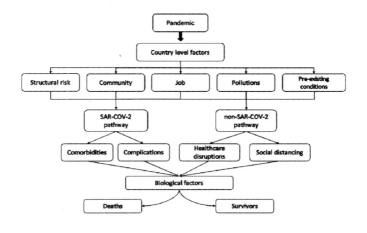

---

8) Nomura S, Kawashima T, Yoneoka D, Tanoue Y, Eguchi A, Gilmour S, et al. Trends in suicide in Japan by gender during the COVID-19 pandemic, up to September 2020. Psychiatry Res. 2021;295:113622; Rosén M, Stenbeck M. Interventions to suppress the coronavirus pandemic will increase unemployment and lead to many premature deaths. Scand J Public Health. 2021;49(1):64-8.

해당 내용을 요소별로 살펴보면, 의료 시스템의 붕괴로는 다른 국가에서는 사산의 증가 등을 확인할 수 있었고, 특히 응급 의료 시설에 있어서는 그 감소 추세를 확인할 수 있었습니다.[9] 사회적 거리두기로 인한 보호 작용으로 인플루엔자가 감소하거나,[10] 아니면 이동이나 교통사고 사망자 수의 감소를 확인할 수 있었는데요,[11] 일본 연구에서 젊은 여성들의 자살 증가 등을 확인할 수 있었습니다. 한국의 2020년도 월간 자살 통계를 보았을 때도, 지난 5년 추세의 평균에 비해서 여성에서 자살 인구가 높아진 것을 확인할 수 있었습니다.[12] 다음은 구조적 위험에 해당하는 부분입니다. 거주 밀집도가 높은 곳일수록 그리고 사회 경제적으로 취약한 계층일수록[13]

9) Mor M, Kugler N, Jauniaux E, Betser M, Wiener Y, Cuckle H, et al. Impact of the COVID-19 Pandemic on Excess Perinatal Mortality and Morbidity in Israel. Am J Perinatol. 2020; Czeisler M, et al, Delay or Avoidance of Medical Care Because of COVID-19-Related Concerns-United States, 1250-1257.

10) Noh JY, Seong H, Yoon JG, Song JY, Cheong HJ, Kim WJ. Social Distancing against COVID-19: Implication for the Control of Influenza. J Korean Med Sci. 2020;35(19).

11) Nomura S, Kawashima T, Yoneoka D, Tanoue Y, Eguchi A, Gilmour S, et al. Trends in deaths from road injuries during the COVID-19 pandemic in Japan, January to September 2020. Inj Epidemiol. 2021;7(1):66.

12) Nomura S, et al, Trends in suicide in Japan by gender during the COVID-19 Pandemic, up to September 2020.

초과 사망(Excess deaths)의 영향이 더 큰 것을 확인할 수 있었습니다. 뿐만 아니라, 직업에 있어서도 택배나 배달업에 종사하는 필수 인력에 대한 안전 문제도 고려해 볼 수 있어야 합니다.[14] 특히 한국의 경우에는 2020년도에 있어서 이륜차 사망자 수가 증가하고 있음을 확인하였습니다. 이처럼 사회적 거리두기로 인해서 비대면 교류가 증가하는 상황에서 특정 인력에게 과도한 업무와 위험이 부과되고 있는지 확인해 볼 수 있어야 하고, 바쁘면 쉴 수 있는 환경이 될 수 있도록 검토해 볼 수 있어야 한다고 생각합니다.

지금까지 말씀드린 내용을 간단하게 요약을 해보자면, 한국은 첫 번째 시기(Period 1)에 있어서 대구와 경북 지역의 초과 사망을 확인할 수 있었습니다. 한편 세 번째 시기(Period 3)에 있어서도 초과 사망을 대부분 확인할 수 있었지만, 그 결과는 유의미하지 않았습니다. 또한 앞서 말씀드린 여러 요인들이 한국의 추가 사망에 관여할 수 있는 것을 살펴보았고요. 한국은 다른 국가와

---

13) de Lusignan S, et al, Disparities in the excess risk of mortality in the first wave of COVID-19: Cross sectional study of the English sentinel network, 785-792.

14) Do DP, et al, Unequal burdens: assessing the determinants of elevated COVID-19 cases and death rates in New York City's racial/ethnic minority neighbourhoods.

같이 이주 노동자, 성 소수자, 그리고 특정 종교단체에 소속된 청년들의 집단 감염이 발생하면서 기존에 있던 차별과 혐오가 조금 더 심화된 것을 확인할 수 있었습니다. 따라서 기존의 내재화된 차별에 대해서 함께 고민해 볼 필요가 있으며, 코로나19 대응 방안에 있어서도 특정 집단에 대한 차별과 혐오가 없는지 검토해 볼 수 있어야 합니다. 또한 코로나가 지속되고 있는 상황에서 지금까지 유연하게 대응을 해왔지만 진행해 온 대응 지침을 다시 검토해 볼 수 있어야 하고, 그 속에 차별과 불평등 문제가 있다면 어떻게 해결해 나갈지에 대해서도 고민해 볼 수 있어야 한다고 생각합니다. 지금까지 경청해 주셔서 감사합니다.

서동주: 네, 대단히 흥미로운 발표였던 것 같습니다. 저희가 한국이 코로나19 대응에 나름대로 선방하고 있다는 이야기를 많이 하는데요, 그러면서 놓치기 쉬운 사회 내부의 차별과 불평등의 문제를 굉장히 실증적으로 잘 확인해 주신 것 같습니다. 또한 저희가 지역, 직업 내지는 계층에 따라서 코로나를 받아들이는 그 양상이 다르다는 것은 알고 있었지만, 초과 사망이라는 개념을 가지고 보니 지방 같은 경우는 환자 수가 적더라도 초과 사망의

정도가 높다는 점에서 역시 수도권과 지방의 격차가 있다는, 그런 안타까운 현실을 다시 한번 확인했던 것 같습니다.

세션 3 ─────────────

질의응답

서동주: 그러면 이제 이 분야의 전문가이신 한국과 일본의 연구자 간 질의응답과 대화를 이어가도록 하겠습니다. 그럼 먼저 도미오 선생님. 질문과 코멘트가 있으시면 먼저 말씀해 주시면 좋겠습니다. 부탁드리겠습니다.

도미오 준: 네, 감사합니다. 초과 사망에 대해서 굉장히 상세한 분석을 해 주셔서 대단히 많은 도움이 되었습니다. 감사합니다. 선생님들께서도 인용하신 부분도 있었습니다만, 일본에서도 초과 사망에 대해서 몇몇 연구가 지금 진행되고 있습니다. 이러한 초과 사망을 연구로 진행하고 결과를 내 주신다는 점에 대해서, 이것을 정책 혹은 리스크 커뮤니케이션 등에 실제로 어떻게 활용을 하고 계신지, 혹은 활용할 예정이신지, 뭔가 전략이 있으면

나누어 주시면 도움이 되겠습니다.

백도명: 제가 답변을 하면서. 저희 생각도 말씀드리도록 하겠습니다. 저희가 이제 주로 확인할 수 있었던 것은 보건의료 체계가 코로나19로 인해서 와해될 수 있다는 것, 그것이 첫 번째 피크에서는 대구라고 하는 지역이었지만 코로나19로 진단된 사망자 외에도 코로나19로 진단되지는 않았지만 초과 사망자가 확실하게 있다는 것, 또 그런 초과 사망이 지방일수록 더 많다는 것이었습니다. 그래서 결국은 감염증에 대한 보건의료 대책도 중요하지만, 보건의료 대책이 건강 상태에 대한 모든 것을 전체적으로 같이 고려하면서 진행되어야 하고, 특히 보건의료 시스템이 취약한 지방에서 공공 의료를 중심으로 강화되어야 한다는 것이 저희들의 주요 결론입니다. 이를 어떤 식으로 해야 하는지는 전체 사망에 관한 초과 사망뿐만 아니라, 구체적인 사망 원인에 관한 분석들이 추가되면서 검토해 볼 수 있을 것입니다.

한편 한국의 경우, 초반에 잘 한 면도 있었지만 잘 모르는 면도 있었습니다. 코로나19라고 하는 감염병이 기존의 감염병들과 달리 비말로 전파되는지 혹은 공기로 전파되는지에 대한 문제에 대해 나중에 공기 전파가 좀 더 유의미한 것으로 확인되었지만 그 이전까지는 확실하지 않았고, 또 증상이 있을 때 전파되는 것인지 아니면 무증상 상태에서 전파되는 것인지, 또 이것이 얼마만큼 치명률이 높고 치명률이 높은 대상은 누구이며 왜 높은 지 등을 잘 몰랐던 것 같습니다. 그러한 상황에서 좀 더 유연하게 대처하고자 검사 수나 생활치료센터의 수를 최대한 확대하려고 했던 것이 도움이 되지 않았나 하는 생각이 드는데요, 결과적으로는 잘 모르는 상태에 대한 유연성을 확보하는 상황이었다고 생각합니다. 한편 일 본에서는 검사를 확대하거나 입원 시설을 확대하는 데 있어서 기준을 갖고 있었던 것으로 알고 있는데 그것이 어떠한 과정을 통해서 좀 더 유연하게 바뀌었는지, 그리 고 앞으로 이런 잘 모르는 새로운 문제들에 대해서는 어 떠한 식으로 대하는 것이 좋을지 의견 말씀해주시면 감 사하겠습니다.

도미오 준: 감사합니다. 말씀하신 내용에 대해서 저도 맞는 말 이라고 생각하고요, 베이스가 되는 지역 의료, 또 어떤 일 이 발생했을 때 유연하게 대응할 수 있는 역량(capacity) 을 확보하는 것이 공중위생에 있어서 대단히 중요하다 고 생각합니다. 일본에서 앞으로 어떻게 미지의 위협에

대응을 할 것이냐에 대해서 말씀을 드리자면, 사실 이것은 간단하게 답변 드리기가 어려운 문제입니다. 일본의 경우 재해 대책이라는 것이 상당히 많이 진보가 되어 있습니다. 그러한 재해 대책의 틀을 감염증뿐만 아니라 다양한 위기 상황에 대해서 조직적으로 공통적으로 추진할 수 있는 그러한 틀을 의료 분야에서도 그렇고 또 의료 주변 분야에 있어서도 구축을 해 나가는 것이 중요하지 않을까 생각합니다. 저도 그러한 부분에 있어서 앞으로 기여를 하고자 생각하고 있습니다. 한국 선생님들께도 많은 가르침을 받았으면 합니다. 잘 부탁드리겠습니다.

서동주: 네, 감사합니다. 시간이 다 됐는데요. 간단한 질문을 도미오 선생님께 제가 하나만 드리겠습니다. 역추적 조사로 확진자의 과거 행동을 추적하는 것이 지금 일본에서 좀 더 확대되고 강화되는 추세라고 말씀하셨는데, 사실은 한국에서도 이것에 관해서 프라이버시 침해와 관련된 우려들이 사회적으로 많이 있습니다. 일본에서도 아마 한국 이상으로 여기에 대한 우려가 많이 있을 것으로 예상이 됩니다. 공중위생 정책은 역추적 조사 같은 추적을 강화하는 방향으로 가는데 그에 대해 시민사회에서 프라이버시 침해에 대한 우려는 현재 어느 정도인

지 그 부분에 대한 상황을 좀 알고 싶어서 감히 의견을
여쭙습니다.

도미오 준: 실제로 이 조사를 하는 보건사분들의 이야기를
들어보면 정확한 정보를 얻을 수가 없다든지 (하는 이야
기를 듣습니다). 감염증법이 최근에 개정이 되면서 문헌
상으로는 일단 (조사를) 따르지 않을 경우에는 과료가
부과됩니다. 행정 처벌 형태로 처벌이 되므로 강화된 부
분은 있습니다. 그런데 그에 대해서는 강화가 됨으로써
오히려 정보를 더 얻기가 어려운 측면도 있다는 보건 관
계자분들의 이야기가 있습니다. 행정 쪽에서는 자세하
고 정중하게 이야기를 하고 정보를 얻으려고 하고는 있
는데, 그에 대해서는 사실 좀 어려운 측면이 있기는 합
니다. 또 온라인 파악 시스템 같은 경우에는 일본에도
존재하지만 사실 좀처럼 기능을 하지 못하고 버그도 있
는 등 문제가 있습니다. 그런 테크니컬한 부분에 대해서
좀 더 충실히 해 나가면서 앞으로 대응을 취할 필요가
있을 것 같다는 생각입니다.

서동주: 감사합니다. 원래 이렇게 오늘 정말 준비를 많이 해
주셔서, 많은 시간을 드리고 또 충분히 말씀을 하시고

대화할 수 있었으면 좋았을 텐데, 여기서 더 논의를 진행하지 못하는 점 부디 양해를 구합니다. 오늘 정말 개인적으로 공부가 많이 되었고요, 잘하느냐 못하느냐가 중요한 게 아니고 그 안에서 지금 우리가 겪고 있는 또 다른 어떤 그림자의 부분들에 좀 더 주목해 봐야 된다는 교훈을 얻게 됩니다. 오늘 좋은 말씀을 해 주신 백도명 선생님, 도미오 선생님, 그리고 박혜민 선생님께 마지막으로 감사 말씀드립니다. 그럼 이것으로 세션3을 마치도록 하겠습니다. 감사합니다.

세션 4
코로나19 위기와
삶의 사각지대

코로나 블루와 자살 동향 : 한국의 대책과 과제

조관자

(서울대학교 일본연구소 교수)

서동주: 그러면 바로 이어서 세션4로 들어가도록 하겠습니다. 세션4는 아마 세션3의 문제의식을 이어가는 것 같은데요, '코로나19 위기와 삶의 사각지대'라는 주제입니다. 첫 번째 발표는 서울대학교 일본연구소의 조관자 교수님이신데요, 약력을 소개해 올리겠습니다. 서울대 국어국문학과를 졸업했고, 도쿄대학 총합문화연구과 지역문화 박사학위를 취득하셨습니다. 일본의 센슈대학, 다음에 주부대학 교수를 거쳐서 2010년부터 서울대학교 일본연구소 교수로 재직 중입니다. 일본 사상과 문화 연구가 전공 분야이고요. 오늘 발표는 '코로나 블루와 자살

동향: 한국의 대책과 과제'입니다. 그러면 조관자 교수님 발표 부탁드리겠습니다.

활사개공(活私開公)으로 생행복사(生行福死)를!

조관자: 네, 안녕하세요. 조관자입니다. 한국 사회 전공자가 아니지만 일본연구소를 대표해서 세션4에서 발표를 하게 되어 영광으로 생각합니다. 저는 코로나 블루와 자살 동향의 현재를 점검하고 한국 사회의 과제를 찾아보고자 합니다. 여기에 '활사개공(活私開公)'과 '생행복사(生行福死)'라는 두 개의 단어를 제시했는데요. 각각 일본과 한국에서 만들어진 조어입니다. '활사개공'은 '멸사봉공(滅私奉公)'의 대안으로 나온 말로, '나를 살려서 공의 세계, 퍼블릭(public)의 세계를 열어간다'라는 뜻으로 일본 인터넷에서 찾을 수 있는 말이었습니다. 또 생로병사에 대한 대안으로 '생행복사'라는 말을 한국의 인터넷에서 찾았습니다. 우리가 살아가면서 늙고 병드는 것이 자연의 이치라고 생각하지만, 오히려 바른 행(行)을 함으로써 복된 사회, 복된 죽음을 맞이할 수 있다는 새로운 비전, 새로운 정상(뉴 노멀)을 제시할 수 있는 계기를 마련했으면 하는 희망이 있습니다.

자살 충동과 우울증, 실업률

우울증과 자살률은 희망 없는 사회를 말할 텐데요. 한국은 OECD 국가 중 자살률 1위로 꼽히고 있고 일본은 G7 국가 중 1위로 꼽힙니다. 그런데 한국의 경우 노인 자살률 문제가 더 심각하게 제기되고 있습니다. 노인 독거화 현상이 나타나 2020년에 독거노인 비율이 19.6%를 기록했고, 장애인 2명 중 1명이 65세 이상 노년층입니다. 또 한국 사회가 2026년부터 초고령 사회로 진입을 하는데, 베이비부머 세대들이 은퇴를 하고 100세 시대를 생로병사가 아닌 건강한 생행복사의 삶을 어떻게 준비할 것인지가 우리 사회의 과제라고 생각합니다. 청소년들도 학교 성적 문제로 자살을 하고 있습니다. 젊은이들에게 살아갈 이유를 찾아주고, 어르신들이 바르게 살아가는 보람을 찾을 수 있는 사회를 만드는 것이 저희들의 과제이겠습니다.

자살률 통계는 현재 잠정치로 나와 있습니다. 2020년에 다행히도 자살자 수는 감소했으나 한국의 2020년 출생자 수가 사망자 수보다 더 낮아졌다고 해요. 정확한 사망률은 아직 미지수이지만, 다행스럽게도 남성은 자살자 수가 9.3% 감소했고 여성도 2.8% 감소했습니다. 다

만 여기서 보듯이 2019년에 여성 자살률이 갑자기 높아
졌는데요. 이것은 여러분 한국에서는 잘 아시겠지만, 설
리 씨와 구하라 씨의 자살로 베르테르 효과가 발생했죠.
그것이 2020년 상반기까지 쭉 이어지다가 가을에 접어
들어서 정부가 자살 예방 강화 대책을 발표하면서 11월
이후에 또 급격하게 낮아지는 희망적인 현상을 보여주
었습니다. 정부 대책은 위험, 자살 위험군을 각계각층에
맞게 맞춤형으로 대책을 세우는 것이었고 또 예산도 증
액하고 상당히 노력을 했다고 보입니다(〈그림 1〉).

〈그림 1〉 2019-2020년(잠정치) 월별 자살 사망자

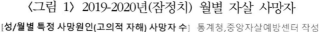

2019년 10월~11월 , 20대 여성 연예인 자살→베르테르 효과

자살은 실업률하고 밀접한 연관이 있는데요, 남자 실업
률은 19년도와 20년도에 큰 차이가 없습니다. 다만 여성

의 실업률은 0.4%p 더 증가했죠. 취업자 수의 감소 현황도 여성이 더 많습니다. 20대 여성의 실업률이 7.6%(2020년 9월 기준)로 높은데요. 이것은 비대면 산업화 속에서 대면 서비스 산업에 종사하는 여성 일자리가 감소했음을 의미합니다. 그리고 20대 여성 자살 시도자, 자살자가 20년 상반기에 다 높았습니다. 한국여성정책연구원에서 이것을 '조용한 학살'로 비판하면서 고용보장을 요구하는 목소리를 내기도 했습니다.

다음은 우울증을 보겠습니다. 원래 우울증은 50대, 60대 여성에게 많은 현상이었습니다. 그런데 2020년에는 국민의 전 연령대에서 우울증 진료를 받은 사람들이 늘어났고 이 안에서 특히 20대가 더 많은 비중을 차지하는 것을 알 수 있습니다. 그런데 20대가 우울증 진료를 받기 시작한 것은 2020년의 현상이 아니라 2019년부터 나타난 현상입니다. 여기 남녀 모두 늘어난 현상을 확인할 수 있습니다(〈그림 2〉).

언론에서도 20대 여성의 문제를 부각했습니다. 다만 청년층과 노인자살 문제가 해소된 것은 아니기 때문에 20~30대 여성의 이슈가 부각된 것은 우리 사회의 어떤 사각지대가 그만큼 확장된 것을 의미합니다. 그 배경에는 미투 운동이 있었고 20대 여성의 분노와 좌절이 계속

인터넷에서도 많이 확인되죠. 더 안타까운 것이 젠더 갈등이 심화되면서 인터넷 안에서의 댓글 전쟁이 격화되는 현상입니다. 그리고 이 댓글 전쟁 속에서 무명 연예인들, 특히 유튜버나 인터넷 방송 활동하는 사람들이 뭔가 열심히 해보려고 노력하다가 물의를 일으켜서 댓글 공격을 받고 또 자살하는 현상들도 많이 볼 수 있었습니다. 2017년 한국방송공사의 사이버폭력 실태 조사를 보면 우리나라 성인들은 연예인, 스포츠 선수, 정치인 등 유명인을 상대로 사이버 언어폭력을 가한다는 그런 결과가 있습니다.

〈그림 2〉 우울증 환자 수

(2020년 상반기 월별/2019년 성별)

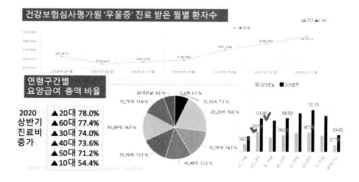

보도 규제와 인터넷 실명제

사이버 폭력에 대응해서 보도를 규제하고 사이버 범죄의 법적 제재를 강화하는 조치들이 일어나고 있습니다. 설리 사건 이후에 포털들에서 스스로 연예 기사 댓글과 실시간 검색을 폐지하는 등 자체적인 노력도 보여주었습니다. 하지만 우리 사회의 다른 플랫폼에서 악성 댓글을 다는 현상들은 지속적으로 일어나고 있고요, 인터넷 실명제를 둘러싼 논란은 아직 해결이 안 되고 있습니다. 인터넷 실명제를 반대하는 사람들은 표현의 자유를 주장하는데요, 사이버 범죄에 대해서는 이미 법적 제재 조치가 있으니 괜찮다는 입장입니다. 올해 초에 헌법재판소가 선거운동 기간 중에 인터넷 게시판에서 실명제를 사용하게 한 공직선거법에 대해서 위헌을 결정했습니다. 그러나 이러한 조치가 시대 변화에 역행하는 것일 수도 있다는 의문이 듭니다. 지금 우리 시대에는 언론 탄압을 하는 정치권력이 문제라기보다, 인터넷에서 활동하는 많은 사람들이 어떤 음모나 조작의 가능성에 휘말릴 수 있는 그런 시대이기 때문입니다. 따라서 저는 앞으로 뉴 노멀을 만들어간다고 하면 표현의 자유에 자기의 이름을 걸고서 활동하는 능력, 그리고 소통하는 능력, 그런 것을 키워나가는 것이 시대의 과제가 되어야 한다고 생각합니다.

- AI, 빅데이터 세상에서 사생활과 표현의 자유를 보호할 가장 확실한 장치는?
실명제? 익명성? 정보통신법? 보안기술?

- 바이러스가 사람들을 감염시키듯이, **메시지는 세상을 감염시킨다.**

  그 메시지가 맑고 투명해서 언제 어디에서도 당당할 수 있다면 어떤 해커,
  악플러(keyboard warrior)도 그 자유를 침범하지 못한다.

- 그 메시지가 오만과 편견이었다면 세상을 분열시킬 것이고,
  존중과 겸손이었다면 세상을 융합시킬 것이다.

- 사람들에게 힘을 주었다면, 그 메시지를 사람들이 지켜줄 것이다.

- 어떤 표현이든 인터넷을 달구어 사회의 경각성을 높이고 사회 모순의 해결을
촉진한다면, 사회의 선순환에 기여할 것이다.

- 익명성에 숨어서 상호 비방을 일삼고 있다면 서로가 퇴행할 것이다.

빅 데이터와 AI 세상에서 사생활과 표현의 자유를 보호할 수 있는 가장 확실한 장치는 실명제나 익명성, 정보통신법이나 보안기술이 아니라, 메시지에 있다고 봅니다. 어떤 메시지를 전달하는가에 따라서 세상을 바꾸는 힘이 달라지기 때문입니다. 많은 젊은 친구들이 인플루언서로 활동하려고 하는 우리 시대에는, 그들의 어떤 의견이 전체 지구사회를 새로운 융합의 세계로 바꿔낼 가능성이 있습니다. 따라서 저는 자기의 이름을 걸고 메시지를 발신할 수 있는 그런 능력을 우리 젊은이들이 키워

나가야 하며 그러한 풍토를 만들기 위한 제도적 변화가 필요한 시점이라고 생각합니다.

자살이 사회 문제라는 사실은 뒤르켐의 「자살론」 이후에 우리가 모두 알고 있는 사실입니다. 그럼에도 불구하고 이 자살이 어떤 문제를 가지고 있고 왜 일어나는지에 대한 해법을 찾는 사회적 노력은 많이 부족합니다. 베르테르 효과가 발생하는 원인도 우리 사회가 좀 더 집단지성을 발휘해서 함께 해결하는 노력을 게을리 하고 있기 때문이 아닌가 싶은데요, 자살 원인 1위가 정신적 문제입니다. 그런데 이 정신적 문제가 무엇을 의미하는지는 아직 정신과 전문의들도 해명하고 있지 못합니다. 그래서 저는 새로운 정신과학, 인간과학이 자살 문제도 해명할 수 있을 정도로 변하여, 그것으로 사람들에게 희망을 주는 문화교육 콘텐츠를 만들었으면 좋겠습니다. 우리가 어떻게 살 때 더 밝고 건강하게 살아갈 수 있는 것인지를 보여주는 많은 교육 문화 콘텐츠들이 나와야 합니다.

연예인과 여성, 청년이 열어가는 '활사개공'

그것이 도덕 교과서처럼 딱딱한 이야기가 아니고 또 그것이 문화를 통해서 전달이 되려면 연예인들의 역할이 그만큼 중요하겠죠. 그렇다면 저는 연예인의 죽음에 대해서도 단순히 보도 규제만 하는 것이 아니라, 그들의 희생이 무엇을 의미하는지를 더 적극적으로 찾아갈 필요가 있다고 봅니다. 설리 씨, 구하라 씨가 죽은 뒤에 설리법, 구하라법에 대한 논의가 진전하고 실제 관련 법규가 만들어지는 현상을 보면, 연예인들이 스스로 원하지 않아도 연예 활동을 통해서 대중에게 알려지고 인기를 얻게 되면서 그들이 공인이 되는 이치가 분명히 있거든요. 그렇다면 연예인들에게 자신들의 할 일을 좀 더 찾아주는 사회적 분위기가 형성될 필요가 있다고 봅니다.

독일의 심리학자 보르빈 반델로는 스타가 경계성 성격장애를 갖기 때문에 오히려 천재적 창의성과 매력을 발휘한다고 했습니다. 연예인은 감정노동에 종사하고 여러 연기를 하다 보니 경계성 성격장애를 갖는다고 합니다만, 우리 사회에서 연예계에 진출하는 사람들은 타고난 끼가 없으면 활동을 하지 못하죠. 사회적 차원에서 연예인들이 타고난 끼를 주체하지 못해서 사회적으로 지탄을 받는 범죄나 물의를 일으키지 않도록 연예계에 새로운 환경과 분위기를 함께 만들어가야 합니다.

타고난 끼를 잘 살려서 국제적인 스타로서 성장한 많은 아이돌들이 있습니다. 그 친구들이 인기를 얻어 성장한

만큼의 어떤 공인으로서의 역할, 세계인에게 희망을 주는 역할을 더 잘해나갈 수 있도록 우리 사회가 지지하고, 또 그들에게 필요한 연예인 교육 프로그램을 좀 더 많이 만들어서 제공할 필요도 있다고 봅니다. 지금 현재 연예기획사에서는 스캔들을 방지하고 팬덤을 유지하는 정도로 교육하고 있지만, 그것도 기획사 대표의 지도 역량에 의존하고 있는 것 같습니다. 연예계에 잠재된 개별적 역량과 그들의 사회적 역할을 높일 수 있는 가능성에 대해서는 우리 사회가 더 연구해 볼 필요가 있다고 생각을 합니다.

여성의 자살 시도를 예방하기 위해서 고용의 기회를 보장해주면 좋지만, 어차피 대면 서비스 산업은 축소하기 때문에 그런 일자리를 찾기는 어렵다고 봅니다. 그렇다면 우리가 여성들에게 무엇을 기대할 수 있을까요? 그들의 생산적 활동 가능성은 이 코로나19 시국이 말해준다고 봅니다.

지금 시기에 사각지대의 문제로 드러난 우울증, 아동학대, 연예인 자살, 이런 문제들에 대응할 수 있는 연구를 해서 가정과 사회에 희망을 줄 수 있는 그런 콘텐츠들을 많이 개발할 필요가 있습니다. 아동학대 문제만 하더라도 이것은 아동을 학대한 부모만의 문제가 아닙니다. 그

부모조차도 아동학대를 당하면서 성장했다는 거죠. 이는 우리 사회에 깔려 있는 악순환의 문제, 우리 모두가 반성해야 될 문제인데요, 사회가 어떤 사람을 그냥 범죄시하는 현상에서 끝나서는 안 될 것 같습니다. 그리고 베이비부머 세대의 은퇴 후의 생활도 여성들이 연구할 때 더 많은 비전이 나오지 않을까 기대해 봅니다.

청년실업수당, 재난지원금, 이런 것들을 그냥 나눠주는 게 아니라, 연구 과제를 부여할 필요가 있습니다. 또한 그들이 그런 연구 과제를 잘 풀어갈 수 있도록 전문가들이 어떤 사회교육 콘텐츠도 만들어내서 교육 프로그램을 같이 수행함으로써 우리 사회의 복지 시스템을 좀 더 구축해야 할 것입니다. 그래서 이 여성들이 자신들의 일상의 문제를 밝히고, 일상에서 자기들이 쌓아놓은 지식을 공공의 지혜로 바꾸는 그런 사회연구원으로 양성될 때 우리 사회에 활사개공과 생행복사의 그런 내용들이 더 충실해지지 않을까 기대를 하고 있고요. 또 그것이 연예 문화 콘텐츠로 전환될 수 있다면 더 바람직하겠습니다.

포스트 코로나 시대는 초고령 사회가 될 것입니다. 미래 시대의 뉴 노멀이 생로병사가 아니었으면 합니다. 우리 몸이 병들어 죽는 것이 당연하다고 생각하기 쉽지만 실제로 그렇지 않은 분들이 계시죠. 예를 들면 101세를 맞이하신 김형석 교수님 같은 경우도 생행복사의 모범을 보여주시는 것 같습니다. 활사개공과 생행복사의 새로운 모델들을 더 많이 창출해서 그것을 또 국제사회에 선보일 수 있다면 어떨까요? 지금 코로나19 시국에 전 세계적으로 모든 사람들이 어려움을 겪고 있습니다. 우리가 새로운 희망적인 메시지를 가지고 국제사회에 나간다면 지금 현재 아시아인 혐오 현상 같은 것에도 대응할 수 있는 길이 열리지 않을까라고 생각해 보았습니다. 저의 발표는 이상으로 마칩니다. 감사합니다.

서동주: 감사합니다. 흥미로운 내용이었고요, 뭔가 문제를 법과 규범을 통해서 접근하기보다는 우리가 포스트 코로나 시대를 내다보면서 정신적으로 좀 더 성숙할 수 있는 그런 교육과 문화의 중요성을 언급해 주신 것으로 이해를 했습니다.

코로나19 재난에서의 자살의 동향과 대책의 과제

시미즈 야스유키

(후생노동대신 지정법인
생명지원자살대책추진센터 대표이사)

서동주: 일본 측의 시미즈 야스유키(清水康之) 선생님의 발
표가 있겠습니다. 후생노동대신 지정법인 생명지원자살
대책추진센터 대표이사로 계십니다. 약력을 간단히 소개
해 올리겠습니다. 일본의 국제기독교대학에 입학해서 재
일한국인 학자로 알려져 있는 강상중 교수의 지도를 받
았고, 졸업하신 후 1997년 NHK에 취업해서 디렉터로 활
동하셨습니다. 그리고 2004년 NHK를 퇴사하시고 NPO
법인 자살대책지원센터 라이프링크를 설립하셨고, 2009

년에는 내각부 참여에 취임하셨습니다. 2019년 생명지원자살대책추진센터를 설립하고 현재 대표이사로 계십니다. 오늘 발표제목은 '코로나19 재난에서의 자살의 동향과 대책의 과제'로, 아마도 일본의 사례가 중심이 될 것 같은데요, 시미즈 선생님, 발표 부탁드리겠습니다.

시미즈 야스유키: 여러분, 안녕하십니까. 방금 소개받은 생명지원자살대책추진센터 대표이사 시미즈입니다. 오늘 제가 말씀드릴 주제는 '코로나19 재난에서의 자살의 동향과 대책의 과제'입니다. 일본에서 코로나19 재난 상태에 있어서 자살을 둘러싼 상황이 어떻게 변화되어 왔는지, 그리고 거기에 어떠한 대책이 실시되고 있는지에 대해서 말씀드리겠습니다.

포인트는 네 가지입니다. 첫 번째는 자살 대책에 관한 기초 정보입니다. 일본에서 어떠한 자살 대책이 현재까지 있어왔는가에 대해, 그리고 또 지금까지의 일본의 자살 추이에 관해 간단하게 말씀을 드릴 것이고요. 두 번째는 이것이 본론이라고 보셔도 되는데, 코로나19 재난 하에서의 자살이 어떻게 변화되어 왔는가, 그 배경에 어떠한 이유가 있었는가에 대해서 좀 더 살펴보겠습니다. 그리고 세 번째는, 조관자 교수님께서 말씀해 주셨다시

피 2019년에 한국에서도 자살 보도에 의한 영향, 즉 베르테르 효과의 영향으로 보이는 자살의 증가가 있었는데요. 일본에서는 작년에 코로나19 재난 상황에서 유명인이 자살을 하였고, 그 보도에 의한 자살 증가가 있었다는 점을 분석 결과로부터 알게 되었습니다. 거기에 어떠한 대응을 하고 있는지에 대해서 말씀을 드리도록 하겠습니다. 그리고 마지막으로 네 번째는 이 코로나19 재난 상황에 있어서의 자살 종합 대책 강화입니다. 일본 국회의원 중에는 자살대책의원연맹이 있어서 이를 중심으로 정부로 하여금 여러 가지 대책을 강구하도록 이야기를 하고 있는데요, 그것이 실현되어서 일본의 자살 대책 베이스가 되고 있습니다. 그 의원연맹에서 정부에 제언하고 있는 내용에 대해서도 마지막에 말씀을 드리겠습니다.

일본의 자살 문제 및 대책

기초 정보 중의 첫 번째는 일본의 연도별 자살자 수입니다. 1998년에 자살이 급증하였고 그 이후 일본의 연간 자살자 수가 14년 동안 계속 3만 명이 넘는 상황이 이어져 왔습니다. 그러다가 2010년부터는 오히려 10년 동안 연속적으로 감소하는 추세를 보였는데, 그랬던 것이 11년 만인 작년에 증가로 돌아서게 되었다는 것입니다. 그렇다면 자살자 수가 3만 명이 넘어섰던 상황에서 왜 10년 동안 연속적으로 감소를 했는가에 대해 말씀드리면, 일본에서는 자살 급증 이후 여러 가지 대책들이 시행되어 왔습니다. 2005년부터 2016년까지 계속적으로 해 온 것입니다만, 자살대책기본법이 만들어진 2006년이 큰 전환기가 되었습니다. 이 법률에 입각해서 여러 가지 대책들이 계속적으로 나왔습니다. 그런 가운데서 서서히 자살이 감소했던 것입니다. 2006년에 법률이 마련된 다음에 여러 가지 대책들이 계속해서 나오면서 10년 동안 계속해서 감소를 해 왔는데, 코로나19 위기 하에서 11년 만에 다시 증가로 돌아선 것입니다.

기초 정보 중 두 번째입니다. 이것은 이미 언급해 주셨다시피 여러분들이 다 아시는 내용이라고 생각됩니다. 자살은 대부분이 벼랑 끝에 몰린 상황에서 죽음을 선택하는 것입니다. 자살이라고 해서 결코 스스로 죽음을 선택하는 것이 아니고, 대부분의 경우 '이제 더 이상 살 수 없다', '죽을 수밖에 없다'라는 여러 가지 고민을 안고 있는 가운데서 이런 상황에 몰리다 보니 벌어지는 것입니다.

기초 정보 중 세 번째로 자살 대책에 관한 법률적인 흐름을 확인하실 수 있습니다. 말씀드린 것처럼 2006년에 자살대책기본법이 성립되었고 그것이 2016년에 크게 개정이 됩니다. 이 개정에 의해서 모든 도도부현 및 시정촌에서 자살 대책 계획을 책정하는 것이 의무화되었습니다. 전국 90%가 넘는 시정촌 기초자치단체에서 자살 대책 계획을 책정하고 있고요, 거기에 입각해서 대책을 마련하고 있습니다.

〈그림 3〉 2015년(平成27年) ‑ 2020년(令和2年)
월별 자살자 수의 추이

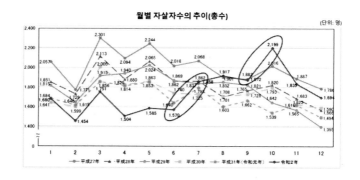

코로나19 상황에서의 자살 동향과 대책

코로나19 재난 하에서의 자살 동향을 말씀드리기 위해

작년인 2020년의 월별 자살자 수 추이를 확인하겠습니다. 작년 자살자 수를 지난 5년(2015-2019)과 비교해보면, 6월까지는 과거 수년과 비교해서 자살률이 큰 폭으로 밑돌고 있다가 7월에 증가로 바뀌었고, 10월이 되어서 기존 5년의 수치를 넘어서는 특징을 볼 수 있습니다 (〈그림 3〉). 월별로 보았을 때 그렇고, 일별로 보면 또 다른 상황이 벌어집니다.

〈그림 4〉 2015-2019년 회귀모델에 기초한 예측치와
실측치의 차(남녀 합계)

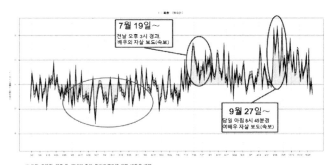

2015년부터 19년까지의 회귀모델에 의한 예측치와 실측치의 차이를 보겠습니다. 2015년부터 자살자 수가 계속 감소했었기 때문에, 과거 몇 년 간의 감소 트렌드를

거슬러 올라가서 자살자 수를 예측하였을 때 어떻게 되겠느냐는 것인데, 0을 예측치로 하면, 이보다 아래에 있는 것은 자살자 수가 예측치보다 적었던 것이고, 0보다 위에 있으면 예측치보다 자살자 수가 많았다는 것을 나타냅니다(〈그림 4〉). 특징적인 것은 작년 6월까지는 자살자 수가 예측치보다도 밑돌았다는 것입니다. 그랬다가 7월과 9월 하순부터 급격하게 증가를 하게 되어서, 자살자 수가 11년 만에 증가로 바뀌게 된 것입니다. 구체적인 날짜로는 7월 19일, 9월 27일부터 자살자 수가 급증하게 됩니다. 7월 19일 전날 일본에서 굉장히 유명한 배우가 자살하였고, 그 보도가 일제히 매스컴에서 다루어지게 되었습니다. 그리고 9월 27일 아침에도 일본에 굉장히 유명한 여배우가 자살을 했고, 마찬가지로 아침부터 일제히 매스컴에서 보도되었습니다. 그리고 나서 자살자 수가 급증하게 되었다는 것입니다.

어떤 사람들의 자살이 늘었는지 구체적으로 보겠습니다. 9월 27일을 기준으로 이전과 이후 각각 2주 동안의 평균 자살자 수를 살펴보면, 40대 여성의 자살이 크게 늘어났음을 알 수 있습니다. 전년도와 같은 시기의 2주와 비교를 해도, 자살 보도 후 2주 동안 자살자 수가 늘어난 것을 알 수 있습니다. 특히 20대(여성), 30대(여성),

70대(여성)의 자살도 현저하게 늘어나고 있는 가운데 40대 여성의 자살률이 특별하게 늘었습니다. 남자도 마찬가지로 늘었지만, 여성의 자살이 훨씬 더 많았습니다. 돌아가신 여배우가 40대였다는 점이, 비슷한 연령대의 여성들이 더 많은 자살을 선택하는 데 영향을 미쳤다는 것입니다. 또 재작년 자료를 통해 어떤 사람들의 자살이 늘었는가를 확인할 수 있는데요. 남성 유직자와 무직자, 여성 유직자와 무직자로 살펴볼 수 있습니다. 단순하게 보면 6월까지는 자살이 줄어들었는데요, 줄어든 쪽은 남성 유직자 및 무직자였습니다. 한편 자살이 늘어난 것은 여성 무직자들이었습니다. 성별과 동거인 유무 여부로도 자살률을 볼 수 있었습니다. 이 경우에는 8월 이후에 여성 동거인이 있는 경우 자살률이 전년대비 크게 증가했습니다.

일본에서도 역시 여성이 많이 실업을 하였습니다. 비정규직은 여성분들이 압도적으로 많은데요, 여성은 82만 명이 실업을 한 것으로 나타나는 반면, 남성은 7만 명으로, 여성 실업자가 훨씬 많다는 것을 알 수 있습니다. 또 배우자로부터 가정 폭력을 당하기도 하고 육아나 돌봄을 혼자 함으로써 다른 사람들의 도움을 받을 수 없는 상황에서 여성분들이 고립되고 자살로 이어지는 경우가 많았다고 생각할 수 있습니다.

자살 보도 후 상담한 내용들이 있는데요, 환자들의 목소리를 발췌해서 가지고 왔습니다. "연예인 자살 뉴스를 보고 나서 나도 그쪽으로(자살 쪽으로) 빨려 들어갈 것 같아서 무섭다. 그리고 코로나19 영향으로 고객이 줄어서 경영이 어려워지고 돈이 걱정된다. 연예인처럼 나도 빨리 자살해서 편해지고 싶다"는 40대 여성이 계셨습니다. 그리고 "원래 살고 싶지 않았다. 자살 뉴스를 보면 편해져서 좋겠다 싶고, 죽은 사람이 부러워진다"고 하는 20대 여성이 있었습니다. 그리고 "우울증으로 늘 죽고 싶었는데 실업과 연예인의 죽음을 보니 한계에 왔다"는 40대 여성도 있습니다. 물론 자살 보도만이 원인이라는 것은 아니지만, 코로나의 영향으로 여러 과제들을 안고 있는 가운데 자살 보도의 영향이 있다 보니까 또 자살이 늘어나게 되었다고 생각할 수가 있습니다. 일본에서도 베르테르 효과가 일어났다고 말할 수 있는 거죠.

이러한 상황에서 어떠한 대책을 마련하고 있는가에 대해, 시간이 많지 않기 때문에 간단하게만 설명드리겠습니다. 저희 생명지원자살대책추진센터에서는 연예인 자살이 일어날 때마다 각 언론사(신문·통신사 15개 회사, TV 방송국 20개 등을 비롯한 82개사 242매체)에 매번

는 것이 당연한 것이라는 인식을 주는 보도는 우울증에 걸린 사람들을 늘릴 가능성이 있다고 생각합니다. 이는 증거가 있는 것이 아니라 제 느낌이라는 점 말씀드리고요. 한편 오랫동안 우울증이나 자살이 터부시되어 왔습니다. 그러다 보니 우울증에 걸려서 정신과병원에 가야 되는데 그것을 주변이 알게 되면 이상한 눈으로 보는 게 아닌가 해서 한동안 이를 피하게 되었습니다. 그러던 것이 최근 (우울증이나 자살이) 금기시되지 않게 되면서 우울증에 걸린 사람들이 병원에 가게 되었습니다. 그래서 이제 의료와 연결이 돼서 진료를 받게 된 측면의 영향도 있을 것이라 생각합니다.

서동주: 네, 감사합니다. 두 분 발표에 대해서 질문과 코멘트가 들어왔습니다. 일본에서 유명인의 자살 보도에 대한 법적인 규제가 강화될 필요가 있다고 보시는 것인지에 대한 질문이 있었습니다. 이미 어느 정도 말씀해 주셨지만, 법적 규제가 어느 정도 의미가 있는지 한 번 더 짚어 주시면 좋을 것 같습니다. 그리고 두 분 모두에게 드리는 질문입니다. 코로나19 상황에서 기존에 만성질환을 갖고 있는 환자분들에 대한 관리가 소홀해지는 문제점에 대한 지적이 많이 되고 있고요, 그 다음에 두 분 다

말씀해 주셨지만 정신적인 문제, 정신질환 같은 것들 또한 중요한 사회문제로 부상하면서 코로나 블루라는 얘기까지 나왔는데요. 이런 문제들을 해결해 가려면 대학뿐만 아니라 정부, 기업, NGO 등이 같이 종합적으로 협력하는 것이 필요하다는 전제 위에서, 그리고 나아가서 전문가들의 협의체라든지 거시적인 시각에서의 접근이 필요하다는 의견 위에서, 대학 내지는 연구기관 등 전문가 집단이 앞으로 좀 더 신경 쓰고 노력해야 할 부분은 무엇인가에 대한 질문이 있었습니다. 이 질문은 두 분 모두에게 말씀을 듣는 것으로 하겠습니다.

시미즈 야스유키: 네, 질문 주셔서 감사드리고요. '자살 보도에 대한 규제, 자살 보도를 규제하는 법률이라는 것이 필요한 것인가'라는 질문이었는데요. 저는 정말 궁극적으로는 법률적인 규제가 있어야 하겠지만 현재로서는 매스컴의 주체성에 일임해야 하는 형태로 자살 보도 가이드라인에 맞는 보도를 해주십사 하는 것이 이상적이라고 생각합니다. 역시 표현의 자유 문제와도 관련이 있기 때문에, (저는) 원래 보도를 하는 일을 하였다 보니까 현 단계에서는 정부가 법률을 가지고 규제를 한다는 것은 아직 시기상조가 아닌가 합니다. 그리고 매스컴의 자

살 보도가 서서히 개선되는 방향으로 확실하게 가고 있기 때문에 자주적인 개선을 위해서 아직까지는 지켜볼 필요가 있다고 봅니다. 그러나 발표에서 말씀드렸듯이, 100개 언론사 중 한 곳만이라도 자살 보도 가이드라인에 반하는 보도를 하게 되면 결과적으로 SNS로 확대가 되거든요. 그래서 여기에 대해서는 법률적인 범위 내에서 대처를 할 필요가 있다고 생각합니다. 두 번째 질문에 대해서는 종합적인 협력이 필요하지 않나 싶고, 그렇지 않으면 대책이 제대로 이뤄지지 않을 것 같습니다. 정부, 연구기관과 상담기관, 그리고 자살로 고민을 하시는 분들을 지원하고 있는 민간단체들이 많이 있는데, 그런 분들에 대한 지원 강화, 그리고 그런 분들까지 같이 포함한 연계 체계를 만들 필요가 있을 것 같습니다. 노력해야 할 부분들이 많은데요. 저는 자살 대책 상담 현장에서도 활동하면서, 매일같이 정말 고민하시는 분들을 상담하는 NPO의 대표도 하고 있습니다. 그런데 상담을 하는 역할을 하는 사람들이 많지가 않습니다. 상담을 받고 싶은 사람이 100명 있으면 20명 정도밖에 못 받고 있어요. 남은 80%는 상담이 필요한데도 불구하고 민간 현장에서 다 받아줄 수 없습니다. 여러 가지 고민과 과제를 안고 있는 분들을 지원할 수 있는 것은 사람이기 때문에, 상담사와 상담기관에 대한 지원을 강화해야 한다는 것입니다. 여기에는 정부도 들어가고 연구자도 들어가고요, 어떤 형태의 단체여야 많은 사람들의 상담을 받아줄 수 있는가, 그리고 상담을 받은 다음에 어떻게 지원책으로 연결시킬 수 있는가를 민간단체에만 맡기는 것이 아니고 정부와 연구자 등이 다 같이 포함이 되어서 이러한 틀을 완성시켜야 하고, 세이프티 네트워크를 좀 더 기능적으로 만들어야 한다는 것입니다. 조관자 교수님이 말씀하신 것처럼 코로나19 재난 상황이기 때문에 많은 과제들이 드러나고 있는 것 같아요. 그래서 과제에 대응할 수 있는 세이프티 네트워크를 만들어 놓으면 이것이 코로나가 안정이 된다 해도 그 후의 사회를 지원해주는 굉장히 중요한 세이프티 네트워크가 될 것 같습니다. 그러니까 위기를 기회로 바꾼다는 의미에서도 종합적으로 세이프티 네트워크를 구축할 필요가 있다고 생각합니다.

조관자: 세이프티 네트워크 재구축에 대해서 강조해주신 말씀 잘 들었습니다. 채팅방에 서울대 의과대학 이정상 교수님께서 질문을 주셨네요. 저는 이정상 교수님께서 제기하신 다학제적인 연구 대응 체계를 구축하는 것에 적

극 찬성합니다. 이번에 우울증과 자살문제 조사를 하면서 지금 대응 체계가 한국에서 전문가들이 노력한 결과라는 것을 알았습니다. 예를 들면 중앙자살예방센터와 국립정신건강센터, 두 기관을 양 축으로 해서 전문가 집단이 많이 노력을 하고 있는데, 그 전문가들은 정신과 전문의라든가 심리 상담에 종사를 하신 분들이었습니다. 그런데 이분들의 자료들을 읽어보니 정신질환 중증의 경우 자살충동 같은 것을 근본적인 치유가 불가능한 것으로 인식하고 계시더라고요. 이를 근본적인 치료가 불가능한 질병으로 진단하기보다는 우리 사회의 분위기를 함께 바꿔나가면서 사회 자체의 체질을 바꿔가는 그러한 노력을 이번 코로나19 시기에 해야 된다고 보고, 그 노력을 할 때 보다 많은 전문가들이 모여서 특히 인간에 대한 논의를 의학적으로 연결시키면 인간에 대한 새로운 지평도 열어갈 수 있고 그 속에서 청년들에게 희망을 줄 수 있는 사회가 어떤 사회일지 그 모습이 더 드러날 것 같거든요. 그런데 그 때 전문가 집단이 전공에 국한되는 것이 아니라, 실제 생활 속에서 폭력에 직면하는 목소리가 좀 더 수렴될 수 있는 시민참여형의 전문가 집단이 되어야 한다는 생각입니다.

서동주: 시미즈 선생님, 조관자 교수님 감사드립니다. 우리가 직면하고 있는 것을 통해 그야말로 국경을 넘어선 복합 재난의 시대에 살아가고 있는 것을 느끼게 되고요. 오늘 마지막에 말씀을 나누었던 것처럼 복합 재난에 대해서는 복합적이고 다학제적인 대응이 절실한 것 같습니다. 그와 동시에 국제적인 협력 또한 필요한 시대에 살고 있다는 생각을 해보게 됩니다. 긴 시간 동안 같이 해주신 모든 선생님들께 감사를 드리고, 이것으로써 여러 기관이 함께 준비한 뜻깊은 학술회의를 마치도록 하겠습니다.

IJS 서울대학교 일본연구소
Reading Japan 34

한일의 코로나19 대응, 차이와 협력의 가능성

비대면 사회의 생·로·병·사를 중심으로

COVID-19 한일학술 웨비나

초판인쇄	2021년 12월 23일
초판발행	2021년 12월 30일
기　　획	서울대학교 일본연구소
저　　자	김연수, 난가쿠 마사오미, 야나기모토 신타로, 홍윤철, 장병탁, 스기야마 마사시, 도미오 준, 백도명, 박혜민, 조경이, 조관자, 시미즈 야스유키
기획책임	조관자
기획간사	홍유진, 정성훈
발 행 인	윤석현
책임편집	김민경
발 행 처	제이앤씨
등　　록	제7 - 220호
주　　소	서울시 도봉구 우이천로 353
전　　화	(02)992 - 3253(대)
전　　송	(02)991 - 1285
전자우편	jncbook@daum.net
홈페이지	http://www.jncbms.co.kr

ⓒ 서울대학교 일본연구소, 2021.

ISBN 979-11-5917-186-4　03300　　　　**정가** 10,000원